幼儿园劳动教育
指导手册

门利艳 ◎ 主编

知识产权出版社
全国百佳图书出版单位
—北京—

图书在版编目（CIP）数据

幼儿园劳动教育指导手册/门利艳主编. —北京：知识产权出版社，2024.1
ISBN 978-7-5130-9001-8

Ⅰ.①幼…　Ⅱ.①门…　Ⅲ.①劳动教育—学前教育—教学参考资料　Ⅳ.①G613.3

中国国家版本馆 CIP 数据核字（2023）第 237070 号

内容提要

本书以《幼儿园教育指导纲要（试行）》和《3—6 岁儿童学习与发展指南》为依据，详细梳理了幼儿园一日生活不同环节幼儿劳动教育目标和要求，并在此基础上进行实践，形成劳动教育案例。全书内容分为小班、中班、大班劳动教育，根据幼儿年龄发展特点，选取针对性和借鉴性均较强的劳动教育案例。本书能够指导教师系统地、有计划地在一日环节开展劳动教育。书中涉及的幼儿园教育内容能够与小学劳动教育内容进行衔接。幼儿家长可以通过本书内容了解劳动教育的具体措施和方法，在家开展幼儿劳动教育。

责任编辑：韩　冰　　　　　　　责任校对：谷　洋
封面设计：杰意飞扬·张　悦　　　责任印制：孙婷婷

幼儿园劳动教育指导手册

门利艳　主编

出版发行：知识产权出版社 有限责任公司		网　　址：http://www.ipph.cn	
社　　址：北京市海淀区气象路 50 号院		邮　　编：100081	
责编电话：010-82000860 转 8126		责编邮箱：hanbing@cnipr.com	
发行电话：010-82000860 转 8101/8102		发行传真：010-82000893/82005070/82000270	
印　　刷：北京建宏印刷有限公司		经　　销：新华书店、各大网上书店及相关专业书店	
开　　本：720mm×1000mm　1/16		印　　张：14.75	
版　　次：2024 年 1 月第 1 版		印　　次：2024 年 1 月第 1 次印刷	
字　　数：240 千字		定　　价：89.00 元	

ISBN 978-7-5130-9001-8

本书编委会

主　　编　门利艳

副主编　张　蕾　门俊男　崔云松　胡志伟

　　　　陈　曼　耿珊珊　李　静　张　宁

编　　委　王　昱　王思佳　赵　雪　兰清萍

　　　　王　辰　王亚楠　于天晴　杨　柳

　　　　王　萌　门佳欣　付美蓉　尚佳祺

目　录
CONTENTS

大 班 劳 动 教 育　/ 161

小 班

劳 动 教 育

小班入园环节劳动教育

王 倩

一、小班入园环节劳动教育内容及目标要求

劳动教育内容		劳动教育目标要求
自我服务	插晨检牌	◇ 能够在教师指导下将晨检牌放到自己的照片格内
	整理物品	◇ 能够在教师指导下安全开关衣帽柜，知道随手关门
	整理衣服	◇ 能够在教师帮助下穿脱外套 ◇ 能够在教师指导下学习用衣架挂衣服，体验劳动的快乐
	签到	◇ 能够在教师指导下用一一对应的方式签到
	洗手	◇ 知道洗手前请教师帮忙挽起袖子（穿长袖） ◇ 愿意在幼儿园洗手，能够在教师带领下逐渐学会七步洗手法 ◇ 知道使用小水流把手冲干净后及时关水 ◇ 洗手后能够在教师带领下将手上的水擦干净
	挂毛巾	◇ 能够将毛巾一一对应地挂到自己的毛巾格
	放水杯	◇ 能够在教师指导下把水杯放到水杯格
	漱口	◇ 能够在教师指导下用自己的小杯子漱口 ◇ 漱口时知道不咽漱口水，把水吐到水池里
为集体服务	送玩具回家	◇ 在教师引导下愿意尝试将玩具按标记送回家
	照顾自然角	◇ 喜欢观察植物，愿意给植物浇水 ◇ 喜欢观察小动物，愿意给小动物喂食物
	摆放图书	◇ 在教师引导下愿意尝试将图书按标记分类摆放
	天气播报	◇ 能够在教师指导下为班级更换天气标志

续表

劳动教育内容		劳动教育目标要求
为社会服务	礼仪小标兵	◇ 能够在教师提醒下向小朋友及教师问好
	感谢为我们服务的教师	◇ 在教师引导下能够用礼貌用语向晨检教师和为小朋友服务的教师问好，对提供帮助的人表示感谢
	开关灯	◇ 在教师提醒下能够根据天气情况为班级开关灯
	爱护公共环境	◇ 爱护公用设施，爱护来园路上的环境卫生，将垃圾扔到垃圾桶

二、小班入园环节劳动教育案例

案例 1 整理衣服

（一）活动背景

当冬季来临时，幼儿身上的衣服逐渐增多。每当入园时，幼儿都要脱去外套，有的幼儿能按教师的要求把衣服叠好后放到指定的地点，有的幼儿不会叠衣服及挂衣服，可能将脱掉的衣服随手扔到地上。

（二）活动案例

幼儿早早地来到幼儿园，教师说："芽芽，进了幼儿园就不冷啦，可以把外套脱掉啦。"芽芽说："好的，老师。"然后，芽芽把书包拿下来，直接放在地上。教师说："芽芽，小书包还在地上呢。"芽芽挠了挠头，走过去说："我的小书包，老师，把书包放在哪里呀？"教师告诉芽芽可以放在柜子里。芽芽将柜门打开，把小书包放进去，转身向班级走去。教师告诉芽芽还没有关柜门。芽芽又笑了笑，走过去把柜门关上。芽芽又脱下自己的衣服。教师走上去说："芽芽，我们把自己的外套挂起来好吗？"芽芽笑着点点头，来到叠衣桌子旁，她拿起自己的衣服甩了几下，铺在桌子上，然后挠了挠头，站在那里，一只手揉着袖管。看到这里，教师对芽芽说："打开小小门，左边穿洞洞，右边穿洞洞。关上小小门，我的衣服挂好了。"教师一边说一边拉起芽芽的手一起整理外套。芽芽也模仿着教师的样子整理了起来。芽芽先把衣服摆好，然后把小衣架放进衣服里，再关上衣服"大门"，就把小衣服挂起来啦。

（三）指导策略

1. 环境创设

创设"我会挂衣服"墙饰示范图，引导幼儿根据图片内容学习挂衣服的方法。

2. 教师指导

◎ 小朋友们，我们按照示范图来一起挂起小衣服吧。

◎ 小朋友们，挂衣服的时候，我们可以一起说《挂衣服》的儿歌。

3. 儿歌及绘本引导

挂衣服

打开小小门，

左边穿洞洞，

右边穿洞洞。

关上小小门，

我的衣服挂好了。

案例 2　洗手

（一）活动背景

洗手是幼儿日常生活中必不可少的一个环节。在小班幼儿早晨入园后，教师经常看到两三个孩子在玩水、有些幼儿对七步洗手法不熟悉等现象。使幼儿养成良好的卫生习惯，培养幼儿良好的洗手习惯，对于提高幼儿自理能力能够起到事半功倍的作用。

（二）活动案例

早晨来园后，牛牛进入班级，然后去放毛巾、水杯并洗手，不一会儿他就从盥洗室出来了。教师看到他的小手干干的，便提醒道："牛牛，我们该去给小手洗个澡啦，咱们一起把小手洗干净。"牛牛在教师的提醒下，嘴里一边说着"洗手，洗手"，一边走向水房。水房里晨晨正在洗手，两个人洗着洗着就开始玩起水来。于是教师加入进来，并有节奏地念起了《七步洗手歌》："两个好朋友，手碰手。你背背我，我背背你。来了一只小螃蟹，小螃蟹。举起两只大钳子，大钳子。我和螃蟹点点头，点点头。螃蟹和我握握手，握握手!"教师的动作一下子就吸引幼儿跟着学起来。洗完手以后，牛牛和晨晨一起用毛巾把小手擦干净。

（三）指导策略

1. 环境创设

每面镜子上都粘贴七步洗手法的步骤，引导幼儿用正确的方法洗手，养成良好的卫生习惯。水池边贴上防水贴，防止幼儿洗手时弄湿衣服。

2. 教师指导

◎ 小朋友要注意打泡沫，要跟着我们的儿歌一起把小手上的细菌都赶走，这样我们就不容易生病了。

◎ 洗手之前，咱们要把小袖子挽起来，小肚子也不要贴着水池，不然你的漂亮衣服可就弄湿了。

3. 儿歌及绘本引导

七步洗手歌

两个好朋友，手碰手。
你背背我，我背背你。
来了一只小螃蟹，小螃蟹。
举起两只大钳子，大钳子。
我和螃蟹点点头，点点头。
螃蟹和我握握手，握握手!

案例 3　漱口与放水杯

（一）活动背景

漱口是幼儿入园后必不可少的一个环节。在小班幼儿早晨入园后经常看到这样的现象：幼儿洗手后就离开盥洗室，经常忘记放水杯、挂毛巾等。为了养成幼儿良好的卫生习惯，教师将对幼儿进行入园后晨间洗漱习惯的培养。

（二）活动案例

小满早晨来园后走进盥洗室，开始洗手。只见她洗手之后，甩了甩小手，对着洗手池说："谢谢水龙头。"然后小满便走出了盥洗室。教师看到后提醒："小满，我们还有一件事情没做，是什么呢?"小满说："老师，我已经洗手啦。"教师对小满说："小满，还有水杯和毛巾呢?"小满说："对，我还没有放水杯和毛巾。"小满说着便走进盥洗室，把水杯放到水杯格子里。这时，教师提醒小满还没有漱口，并走到她旁边演示："手拿花花杯，含口清清水，抬起头，闭起嘴，咕噜咕噜吐出水。"小满看到教师的样子便模仿了起来，一边念儿歌一边看班级墙饰上的步骤图，学习正确漱口的方法。教师说："照镜子，比一比，谁的牙齿最干净。"

（三）指导策略

1. 环境创设

在幼儿盥洗室的水杯格里，贴上幼儿的照片，便于幼儿对照照片将水杯放入自己的水杯格。

在幼儿盥洗室里创设"我会漱口"墙饰，引导幼儿使用正确的方法漱口。

2. 教师指导

◎ 小朋友们，我们找一找自己的照片。请把水杯放到你的照片上，不要放错哦。

3. 儿歌及绘本引导

小水杯回家

小水杯，快回家，

我来把你送回家。

看到我的小照片，

这里就是你的家。

漱口

手拿花花杯，

含口清清水。

抬起头，闭起嘴，

咕噜咕噜吐出水。

案例 4 观察植物角

（一）活动背景

在晨间劳动环节，幼儿学习和尝试照顾植物，知道要爱护植物，乐于学说儿歌，感受植物成长的生命力，根据已有经验，大胆表达自己的想法。幼儿能够根据教师提示和图示观察动植物，并为植物浇水等。

（二）活动案例

在晨间劳动环节，教师引导幼儿观察班级中种植的植物，带领幼儿说："小种子已经渴啦，它想喝水。"妞妞听到后，自主地接水，并看着班级的儿歌提示图，一边念着儿歌，一边为小种子浇水："小种子，真奇妙，太阳照，水儿浇，发芽长叶节节高，开出花儿多美好。明天我还来照顾植物，我喜欢照顾植物。"

（三）指导策略

1. 环境创设

制作关于浇水、种子发芽等墙饰，培养幼儿为植物浇水的兴趣。

2. 教师指导

◎ 你会怎样照顾小种子？

◎ 水不能浇得过多，要轻轻地触摸植物。

3. 儿歌及绘本引导

小种子

小种子，真奇妙，

太阳照，水儿浇，

发芽长叶节节高，

开出花儿多美好。

案例 5　天气播报与摆放图书

（一）活动背景

（1）天气不好时，幼儿园不进行户外活动。几个幼儿问教师："老师，为什么今天没有户外活动啊？"为了增强幼儿对天气变化的感知能力，了解天气知识，感知天气与我们的生活息息相关，班级开展"天气播报"活动。

（2）幼儿在过渡环节看书时，有人没有把图书摆放整齐，班级里的小值日生们早晨入园后，会帮助小朋友们按标志整理图书。

（二）活动案例

早晨来园时，木木说："今天我是小值日生，我要把教室变干净。"教师说："木木，班级里的图书区，有好多小书都没有回家，请你帮助它们，把它们送回家好吗？"木木看着图书上的图形宝宝，把书一一对应地送回家。在整理图书时，木木偶然看向窗外，说："太阳公公都出来了。昨天他都没有出来。"教师说："我们一起把太阳公公挂到挂钩上，告诉小朋友们今天一天太阳公公都会在。"木木点头，并拿起太阳的图片挂到了天气播报墙上。挂完后，教师请木木和小朋友们分享天气信息。木木站在天气播报墙前说："小朋友们好，今天太阳公公出来上班了，我把太阳公公挂到墙上啦。"这时，教师提醒："晚上离开幼儿园的时候别忘记请太阳公公下班。"

（三）指导策略

1. 环境创设

（1）创设"天气播报"墙饰，请值日生每天早晨挂天气图片。

（2）书架上创设"书本找朋友"标志，引导幼儿找到每本书所在的位置。书架下的格子里贴上各类图标，引导幼儿分类整理。

2. 教师指导

◎ 摆放图书的小朋友要注意把它们放回自己的家哦，看一看柜子上的图形。

◎ 格子里的图书要按照大小分类摆放哦，要让咱们的书柜整整齐齐的，这样咱们下次看书就很方便啦。

◎ 今天是什么天气呢？

◎ 谢谢××小朋友！

3. 儿歌及绘本引导

整理图书

宝宝爱整理，图书摆整齐。

大书小书要分类，图书住进大楼里。

楼上楼下住满书，陪我一起有乐趣。

绘本阅读：《小小天气预报员》《青蛙的好天气》

案例 6 礼仪小标兵

（一）活动背景

中国是礼仪之邦。从小班开始注重幼儿礼仪的培养，为幼儿营造崇尚礼仪的环境。让幼儿从小受到礼仪的熏陶，养成礼仪品格。每个人都做文明礼仪小标兵。

（二）活动案例

刚入园的幼儿早晨来园后，没有和教师打招呼的习惯。教师每天坚持与幼儿打招呼，并使用引导语："小朋友，早上好。"幼儿回复："老师，早上好。"幼儿在教师长时间的引导下，早上来园时就能主动跟教师和同伴问好。天气逐渐变冷，成成早晨来到幼儿园的时候说："老师，好冷啊，你看我的小脸也很凉。"进屋后，教师让幼儿在窗边隔着玻璃看向幼儿园门口的教师，并说："你们看，天气这么冷，保健医老师还在门口给小朋友们测量体温，负责安全的老师也在马路边引导着小朋友要走斑马线。他们冷不冷?"幼儿说："外面这么冷，老师们也冷。"教师提议幼儿早饭后可以向一位在外面站岗的教师说谢谢。幼儿都非常愿意，争先恐后地要去说谢谢。

（三）指导策略

1. 环境创设

在墙上创设"打招呼的方式"墙饰，幼儿来园后看到墙饰，可以选择自己喜欢的方式进行问好。

2. 教师指导

◎ 有许多人在为我们服务，我们应该感谢为我们服务的人。我们做好自己的事情，就会为别人带来很大的方便，能够让他们的工作轻松些。

◎ ××，你在晨检时主动张开了嘴巴，并在晨检完成时向老师说了谢谢，让老师感受到了你的温暖。

3. 儿歌及绘本引导

找朋友

找呀找呀找朋友，

找到一个好朋友。

敬个礼呀握握手，

你是我的好朋友。

绘本阅读:《我们的一天》

三、小班入园环节劳动教育小妙招

（1）通过入园环节进行劳动教育，需要从幼儿身上抓起，从幼儿生活中来，服务于幼儿的日常生活。教师应给予幼儿鼓励、表扬和肯定，让幼儿感受到劳动创造生活的力量、自信与自豪，获得对劳动的美好感受，认识身边各种各样的劳动。

（2）根据小班幼儿的年龄特点，教师在引导的过程中使用拟人化的口吻，能够让幼儿迅速产生兴趣。

（3）小班幼儿的生活自理能力较差，幼儿的劳动教育要以"为己"为主，着重培养幼儿基本生活需要的各种劳动能力。同时，教师可以利用简短的儿歌和可爱的班级环境创设辅助幼儿参与劳动。

（4）由于小班幼儿年龄小，注意力集中时间较短，虽然幼儿愿意主动参与劳动，但是往往因为动手能力差，耐心不足，出现"三分钟热度"的情况。教师要正确看待这种情况，给予充分理解，同时给予幼儿更多耐心，激励幼儿进一步找出原因，再坚持一会儿，再尝试一次。不积细流，无以成江海。长期坚持，"三分钟"就变成了"四分钟""五分钟""六分钟"……幼儿对劳动产生更多的热情，就会在劳动中做得更好更成功。

小班盥洗环节劳动教育

杨　柳

一、小班盥洗环节劳动教育内容及目标要求

劳动教育内容		劳动教育目标要求
自我服务	洗手	◇ 知道洗手前请教师帮忙挽起袖子 ◇ 愿意在幼儿园洗手，能够在教师带领下逐渐学会七步洗手法 ◇ 知道使用小水流把手冲干净后及时关水 ◇ 洗手后能够在教师带领下将手上的水擦干净 ◇ 能够将毛巾一一对应地挂到自己的毛巾格
	漱口（刷牙）	◇ 能够在教师指导下用自己的小杯子漱口 ◇ 漱口时知道不咽漱口水，把水吐到水池里 ◇ 能够在教师指导下挤适量的牙膏，学习盖牙膏盖 ◇ 能够在教师指导下学习刷牙的方法 ◇ 能够在教师指导下在刷牙后清洗牙刷和牙杯 ◇ 能够在教师指导下知道使用小水流接半杯水刷牙
	涂护手霜	◇ 在教师指导下学习用正确的方式涂护手霜
为集体服务	我来帮助你	◇ 提示其他小朋友用正确的方法洗手、擦手 ◇ 在其他小朋友洗手后，帮助他们把袖子放下来
为社会服务	环保小卫士	◇ 在教师提示下知道不浪费水，有节约用水的意识

二、小班盥洗环节劳动教育案例

案例 1　小手洗香香

（一）活动背景

通过着重培养幼儿使用正确的洗手方法，有目的地观察幼儿的洗手情况，发现小班幼儿在初期不理解洗手的意义。通过这一现象，教师有针对性地进行指导，如讲解洗手的作用，朗读洗手的儿歌，引导幼儿模仿正确的洗手方法等，让幼儿了解并能用正确的方法洗手。

（二）活动案例

晨间活动后，教师请幼儿收好桌面上的玩具，如厕洗手。柚子小便后，就急匆匆地跑回教室。教师蹲下拦住了柚子问："柚子，你洗手了吗？"柚子说："没有，我的手不脏。"教师说："刚才我们玩儿玩具了，又小便了，小手怎么不脏呢？快去洗手吧。"柚子看了看手说："不过我的手不脏啊！"教师抱抱他说："玩具上会有细小的细菌，而且上完厕所后你提裤子的时候，裤子上的许多细菌就都跑到你的手上了，所以我们快去把小手用泡泡洗干净吧！"教师陪着柚子一同进入盥洗室，边陪着他说七步洗手法的儿歌，边洗手。洗完之后，柚子把小手递到教师眼前说："老师你闻闻，现在我的手是香香的，小细菌都洗掉了。"教师竖起大拇指，对柚子说："你真棒！"在之后的集体教学活动中，教师同全班幼儿一起了解洗手的重要性，并巩固正确的洗手步骤。

（三）指导策略

1. 环境创设

创设"七步洗手法"墙饰，展示在幼儿盥洗的地方。

2. 儿歌及绘本引导

用儿歌《七步洗手歌》对幼儿进行引导。

案例 2　我来挂毛巾

（一）活动背景

由于幼儿入园前未感受过集体生活，所以入园后他们需要更多的时间去适应，教师也需要耐心引导，如毛巾、水杯、衣物都需要幼儿找到自己的照片，再放到相应的位置上。

（二）活动案例

一日，在盥洗时，诺诺走过来跟教师说："老师，我早上挂毛巾了，但是现在我的毛巾不见了。"教师说："难道小毛巾在跟你捉迷藏吗？我们一起去找找它吧。"于是教师和诺诺去盥洗室找毛巾。教师走近诺诺的毛巾格一看，果然发现了问题，只见她旁边没来的小朋友的毛巾格里挂了一条毛巾。教师说："我已经知道你的小毛巾藏到哪儿啦，你发现它了吗？"诺诺摇了摇头。于是教师对她说："你是不是没有仔细看自己的照片，洗完手就把毛巾挂到旁边小朋友的毛巾格里啦？她今天没来呢。"诺诺不好意思地笑着点点头说："原来是我挂错地方了。"教师说："没关系的，下次一定要看准自己的照片，再把毛巾挂上去哦。"诺诺笑着冲教师点点头。

（三）指导策略

1. 环境创设

在与幼儿名字对应的地方贴上幼儿的照片。

2. 教师指导

◎ 宝贝们，一定要看好自己的照片再挂毛巾噢，这样你的毛巾才不会迷路。

案例 3 漱漱口

（一）活动背景

为了保护幼儿的牙齿健康，教师会引导幼儿在饭后漱口，把嘴里的食物残渣漱干净。但通过午检，教师发现大部分幼儿嘴里还留有食物残渣，鉴于此，教师通过集体教育和儿歌的形式引导幼儿了解漱口的好处和方法。

（二）活动案例

每天吃完饭，教师都会提醒幼儿去漱口。在集体活动时，教师也一再介绍漱口的重要性。然而小班的幼儿对于漱口并不是很了解，往往随便一吐，甚至不漱口。一天午饭时分，吃饭最快的馨馨走到教师面前问："老师，我要怎样漱口呀？我有点不会。"教师说："你要含一口水在嘴里咕噜咕噜再吐，漱三次。"馨馨点点头，去了盥洗室。但等教师午睡前检查嘴巴时，发现大部分幼儿嘴里还有残留物。于是在下午的集体活动时，结合吃饭场景，教师又教了一遍漱口的方法，并提醒幼儿嘴巴里不能有饭粒，吃完饭后，嘴巴里要空空的才可以。教师在晚饭后再次检查了幼儿的口腔，都非常干净。在之后的检查中幼儿的嘴里也没有残留物了，幼儿都能够掌握漱口的方法，也能养成饭后漱口的好习惯。

（三）指导策略

用儿歌《漱口》对幼儿进行引导。

案例 4 我要刷牙

（一）活动背景

在小班下学期，逐步培养幼儿饭后刷牙的习惯。但大部分幼儿在刷牙时没有按照正确的方式，导致口腔里仍有残留物，牙齿刷不干净。

（二）活动案例

一天，午饭里有牛肉，幼儿吃得津津有味。但由于有的幼儿牙齿间的缝隙有些大，所以很容易出现塞牙的情况。诺诺吃着饭对教师说："老师，我塞牙了。"等她说完，其他幼儿也纷纷说塞牙了。教师安慰他们说："塞牙不要紧，待会儿我们刷牙的时候，小牙刷会把你的牙齿清理干净。"之后在刷牙的时候，教师发现许多幼儿没有按照正确的方法刷牙，只是想赶紧刷完去玩玩具。于是，教师在集体活动时讲了绘本《牙齿大街的新鲜事》，通过这个绘本故事让幼儿了解刷牙的重要性。在第二天吃完午饭后，幼儿赶紧对教师说："老师，我要去刷牙。"

（三）指导策略

1. 环境创设

（1）在图书区投放绘本《牙齿大街的新鲜事》。

（2）创设"刷牙步骤"墙饰。

2. 教师指导

◎ 宝贝们要用圆弧刷牙的方法正确刷牙，把每颗牙齿都刷到，刷完照照小镜子，牙齿变得真干净。

案例 5　我会涂护手霜

（一）活动背景

涂护手霜是一个很细小的环节，但又是每个幼儿必须掌握的一项技能。天气寒冷干燥时，幼儿洗完手很容易出现皮肤干燥甚至裂口。让幼儿养成涂护手霜的好习惯是非常有必要的。

（二）活动案例

冬天到了，教师发现幼儿的手很干，便根据他们的情况上了一节集体活动课"我会涂护手霜"。教师说："今天我给大家请来小熊，我们欢迎小熊。"（小熊哭着出来。）教师问："小熊，你怎么啦，怎么哭了？"小熊说："我的脸好疼，红红的。"教师说："没关系，我送你一件礼物，用了它你的脸就不会疼了。"教师拿出护手霜，打开瓶子，夸张地做"闻"的动作："哇，好香！是护手霜。护手霜也叫香香，是白色的，冬天的时候，皮肤很干燥，它可以很好地保护我们的小手。"教师说："小朋友们，伸出小手跟着我一起学一学涂香香的方法。"教师上前带动每个幼儿都参与进来，边说儿歌边涂护手霜："宝宝霜，喷喷香，我要和你做朋友，抹抹小手心，抹抹小手背，抹抹小手腕，小手变香啦。"

（三）指导策略

用儿歌《抹香香》对幼儿进行引导。

抹香香

宝宝霜，喷喷香，

我要和你做朋友。

抹抹小手心，

抹抹小手背，

抹抹小手腕，

小手变香啦。

三、小班盥洗环节劳动教育小妙招

（1）爱玩水是幼儿的天性。教师在活动时可适当地为幼儿提供玩水的机会和条件，如为动植物换水、浇水，清洗小盘子。

（2）设计漱口记录表，给每天餐后漱口的幼儿贴上笑脸，鼓励幼儿自觉养成漱口的习惯。

（3）结合班级特色活动，邀请家长观看幼儿在园盥洗的情况，并进行《关于小班幼儿盥洗的习惯培养》习得情况汇报，对幼儿的进步给予肯定和鼓励。

小班进餐环节劳动教育

陈 帅

一、小班进餐环节劳动教育内容及目标要求

<table>
<tr><th colspan="3">劳动教育内容</th><th>劳动教育目标要求</th></tr>
<tr><td rowspan="14">自我服务</td><td rowspan="6">餐前</td><td>洗手</td><td>◇ 知道洗手前请教师帮忙挽起袖子
◇ 愿意在幼儿园洗手，能够在教师带领下逐渐学会七步洗手法
◇ 知道使用小水流把手冲干净后及时关水
◇ 洗手后能够在教师带领下将手上的水擦干净
◇ 能够将毛巾——对应地挂到自己的毛巾格</td></tr>
<tr><td>取餐</td><td>◇ 在教师带领下排队取餐，不拥挤
◇ 学习双手拿好餐具，知道保护餐具不掉落
◇ 在教师引导下能够按顺序就座</td></tr>
<tr><td>餐中</td><td>进餐</td><td>◇ 能够熟练地用勺子吃饭
◇ 在教师引导下不偏食、不挑食。喜欢吃瓜果、蔬菜等新鲜食品
◇ 能够在教师提醒下把嘴里的食物咽完再说话
◇ 进餐时保持轻松愉快的情绪
◇ 能够及时向教师表达自己的进餐需要</td></tr>
<tr><td rowspan="2">餐后</td><td>擦嘴</td><td>◇ 饭后能够在教师提醒下擦嘴，学习正确的擦嘴方法
◇ 知道节约用纸，每次擦嘴使用一张纸</td></tr>
<tr><td>送餐具</td><td>◇ 能够在教师提醒下擦桌子、收椅子
◇ 送餐具时学习双手拿好餐具，知道保护餐具不掉落
◇ 能够按标志分类摆放餐具
◇ 能够在教师引导下尝试分类厨余垃圾</td></tr>
</table>

劳动教育内容			劳动教育目标要求
自我服务	餐后	漱口（刷牙）	◇ 能够在教师指导下用自己的小杯子漱口 ◇ 漱口时知道不咽漱口水，把水吐到水池里 ◇ 能够在教师指导下挤适量的牙膏，学习盖牙膏盖 ◇ 能够在教师指导下学习刷牙的方法 ◇ 在教师指导下刷牙后清洗牙刷和牙杯 ◇ 在教师指导下知道使用小水流接半杯水刷牙
		洗手	◇ 知道在洗手前请教师帮忙挽起袖子 ◇ 愿意在幼儿园洗手，能够在教师带领下逐渐学会七步洗手法 ◇ 知道使用小水流把手冲干净后及时关水 ◇ 洗手后能够在教师带领下将手上的水擦干净 ◇ 能够将毛巾一一对应地挂到自己的毛巾格
为集体服务		收拾整理	◇ 能够在教师帮助下穿戴围裙、套袖 ◇ 穿戴围裙后将手洗干净做值日 ◇ 能够在教师指导下擦拭桌子 ◇ 能够按标记一一对应地分发餐具，摆放整齐 ◇ 能够按标记将纸巾盒一桌一个摆放整齐 ◇ 能够在教师引导下将擦布放在纸巾盒两侧 ◇ 能够提醒小朋友们认真洗手，帮助小朋友挽起袖子 ◇ 知道一一对应地将椅子摆放整齐 ◇ 能够在进餐后把擦布放回（托盘中）指定位置 ◇ 能够在进餐后双手把纸巾盒放回原处
为社会服务		爱惜食物	◇ 知道食物来之不易，不能浪费食物

二、小班进餐环节劳动教育案例

案 例 1 小手变干净

（一）活动背景

小班幼儿更喜欢游戏化的语言和趣味性的学习，教师可以利用儿歌进行引导，让幼儿觉得洗手是一件快乐的事。

（二）活动案例

进餐前，幼儿来到盥洗室洗手，有的幼儿不用洗手液，有的幼儿只洗手心。教师举起手说："哎呀，我的手上有好多细菌，不仔细洗是洗不干净的，谁知道怎么才能把手洗干净呢？"幼儿看向教师，教师边念洗手儿歌边洗手，幼儿也认真地学了起来。

教师还可以通过故事《小熊豆豆生病了》，让幼儿了解手上有许多细菌，要养成勤洗手的好习惯。

教师说："今天，老师给小朋友们讲个故事。小熊豆豆可顽皮了，整天爬上爬下，弄得小手可脏了！……"教师边做手势表演边讲故事，并提问："小熊豆豆为什么会肚子疼呢？它应该怎样做呀？"教师引导幼儿联系实际进行交流，调动幼儿已有的知识经验，进一步明白洗手的重要性。

下一步是学习洗手的正确方法。首先调动幼儿已有的知识经验讲述"我是怎样洗手的"，然后播放洗手儿歌，引导幼儿观察并理解画面，了解洗手的正确方法，启发幼儿用自己的语言进行表述。引导幼儿边说儿歌边做洗手动作，学习洗手的正确方法。

（三）指导策略

1. 环境创设

创设"七步洗手法"墙饰，提示幼儿要按正确的洗手步骤洗手。

2. 教师指导

◎ ××小朋友真棒，小手洗得真干净，小泡泡全被冲掉了！

3. 儿歌及绘本引导

小螃蟹洗手歌

两个好朋友，见面握握手。

你背背我，我背背你，

变成一个大螃蟹，横呀横着走。

举起两只螃蟹钳，精神又抖擞。

听到表扬很害羞，躲在沙地低着头。

再见再来握握手，两个好朋友。

手指歌

大拇哥、二拇弟、中指哥、

四兄弟、小妞妞，来看戏。

大家快来比一比，

谁的大，谁的小，

哪个指头长，哪个指头短？

绘本阅读：《我能好好洗手》《乖宝宝爱洗手》

案 例 2 **大家把队排**

（一）活动背景

排队在幼儿园中是一种常见的行为秩序，但在小班，总会有人争抢排在第一位，幼儿的竞争意识逐渐增强。小班幼儿正处于以自我为中心的阶段，只想满足自己的需求，寻求关注。在盥洗、饮水环节中，小班幼儿排队意识不强，总会出现插队、争抢的情况。小班幼儿好动、好模仿，却又分不清哪些事情该做、哪些事情不该做。有的幼儿看到其他人因为相撞而摔倒时，以为是一件好玩的事，争相模仿，导致许多活动都没有秩序，出现混乱；有的幼儿在新环境中充满好奇，注意力容易不集中，在走路时容易走散。

（二）活动案例

小班幼儿入园一段时间后，他们渐渐适应了幼儿园的生活，但各种各样的问题也开始出现。无论是取餐，还是户外活动回来排队喝水，总有队伍排不好，幼儿你争我强、你推我挤，还有几个调皮的总要去插队，一个顶一个地往前挤。

（三）指导策略

1. 环境创设

根据小班幼儿的年龄特点，利用直观形象的图标，帮助幼儿认识并理解班级中的规则，引导幼儿从小形成良好的品行。教师在幼儿排队的地板上贴上好看的小动物贴纸，每个贴纸间隔一段距离，幼儿踩在贴纸上，排队距离刚刚好。

2. 儿歌及绘本引导

排队歌

小朋友，快快来，

我们大家把队排。

队伍排成一条线，

立正挺胸向前看。

对准伙伴后脑勺，

不乱走动头不歪。

案例 3 宝宝吃饭

（一）活动背景

进餐独立性和专注性是指幼儿在进餐时无须借助他人帮助，在进餐过程中自觉排除其他干扰因素，能够专心进餐并顺利完成进餐。经观察发现，有的幼儿在进餐时不会正确使用餐具，从而导致进餐困难，需要在教师的帮助下才能顺利完成进餐；有的幼儿在进餐过程中，由于进餐技能不够熟练，导致撒饭严重；还有个别幼儿在入园前吃饭主要由父母包办，导致幼儿产生依赖心理，在园不愿自己独立进餐，需要教师喂饭。另外，许多幼儿在进餐时不能很好地专注于进餐，容易出现和其他幼儿说话、自己发呆、玩碗里的饭等现象。通过对整个进餐过程仔细观察发现，部分幼儿在进餐时会把饭菜撒到桌子、衣服和地上，部分幼儿存在剩饭现象。在进餐时间方面，幼儿进餐速度不均衡，有的幼儿狼吞虎咽，进餐速度较快；有的幼儿长时间含着食物不下咽，进餐速度较慢。有的幼儿虽然自己能学着用餐，但是速度比较慢。经过一段时间的观察，虽然幼儿在教师的指导下能学会自己用餐，但有的幼儿还需要老师的帮助才能完成，有的幼儿吃饭速度慢，桌面不干净，还有的幼儿喜欢把自己的汤倒在饭里再吃。

（二）活动案例

刚入园的小班幼儿大部分都能自己用勺子吃饭，但也有个别幼儿虽然自己会吃但不愿自己动手，一定要等人喂。一到午餐时间，小宝就将小手抱在胸前，手不拿勺也不扶碗，依赖心理和习惯性让他在这里等着教师来喂。教师喂他时，嘴张得老大，一吃一大口，不喂时就坐在那里等。

吃饭时间过了一会儿，家齐一口也没吃，教师走过去看看碗里的菜，顿时明白了。教师轻轻地问道："老师知道你是个诚实的好孩子，告诉老师，什么菜不想吃？"家齐指了指碗里的黑木耳说："这个我不喜欢。"

亚楠吃饭特别慢，吃进嘴里的食物不嚼也不咽。开饭后，过不了多长时间，他又开始和身边的同伴交头接耳，不仅影响他人的正常进餐，自己也是磨蹭到最后一个吃完。

（三）指导策略

1. 环境创设

重视餐前引导。解决幼儿不良的就餐问题，可以在良好的进餐氛围中引导幼儿与就近的同伴交流，包括饭菜的味道、颜色，从而增加自己的食欲。

2. 教师指导

运用鼓励性语言。教师在幼儿进餐中应发挥引导作用，多运用鼓励性语言提高幼儿进餐的情绪。发现个别幼儿的良好行为初现时，教师要积极予以鼓励和肯定；同时，教师要仔细观察每位幼儿的进餐行为，发现问题时及时地运用鼓励性语言引导他们。

对于进餐中幼儿出现的点滴进步，教师要及时发现。比如以前吃得慢的幼儿在规定时间内吃完了，挑食的幼儿吃了一点自己不喜欢的食物等，教师都应该予以鼓励，可以在全班面前表扬，进行正面示范，促使幼儿改正挑食、偏食等不良习惯。

3. 儿歌及绘本引导

吃饭歌

白米饭，热腾腾；红烧肉，喷喷香；

青青菜，营养高；豆腐汤，味道好；

左手——拿碗，右手——拿勺；

看我宝贝真能干，一口饭，一口菜；

吃得快，吃得香，比比看谁长得壮！

绘本阅读：《吃掉你的豌豆》

案例 4　我会擦嘴巴

（一）活动背景

擦嘴巴的好习惯在幼儿踏进幼儿园的第一天就要开始培养。在课程中，幼儿对毛巾的用途并不陌生。可是，在擦嘴巴过程中如何把嘴巴擦干净，以及擦完嘴巴以后将毛巾放在哪里，很多幼儿还是不太清楚。所以，教师在教学中应对这两方面做重点的讲解和练习，帮助幼儿改正以前做得不对的地方，记住正确的擦嘴巴方式。擦嘴巴是一个动态的过程，需要实战操作。在实战的时候发现问题并纠正，幼儿对正确方式的印象就会更加深刻。

小班幼儿在进餐后总是不能用纸擦嘴巴。经常看到幼儿送完餐具后嘴巴上还有饭粒。造成这种现象的原因，一是幼儿在家时家长并不要求幼儿擦嘴巴，二是教师没有做到及时提醒和引导。

（二）活动案例

安安："乐乐，你嘴巴上有个东西。"

乐乐用手一摸，拿下来一看，原来是一粒米饭。

安安："你的嘴上怎么有米饭啊？"

乐乐："刚才我吃米饭了呀，就沾在嘴巴上了。"

安安："你看我就没有，因为我擦了嘴巴。"

教师："安安做得真棒，你的嘴巴真干净！你是怎么擦的呢？"

安安："我就把纸变成正方形那样擦。"

教师："那你可以教教乐乐吗？"

安安："可以。"

小班幼儿喜欢模仿，应充分发挥同伴间的榜样作用。

（三）指导策略

1. 环境创设

在分餐墙创设"擦嘴巴"墙饰，提示幼儿按步骤擦嘴巴。

2. 教师指导

◎ 小朋友们吃完饭要记得擦嘴巴哦，看看哪个小朋友的嘴巴最干净。

3. 儿歌及绘本引导

擦嘴巴

小餐巾，手中拿，

盖上嘴，向里擦，

餐巾横着拿，

再来向里擦，

折成正方形，

围着嘴巴擦，

换只小手拿一拿，

再把小手擦一擦。

案例 5 我会送餐具

（一）活动背景

良好的进餐行为和习惯可以促进幼儿身心健康成长。小班幼儿由于年龄限制，身心发展还未成熟，加上部分幼儿家长的不良教养方式，导致其在进餐方面存在许多问题，这些问题在幼儿入园后逐渐显露出来。小班是幼儿从家庭生活到幼儿园集体生活的重要转折点，也是养成良好饮食习惯的重要时期。因此，教师和家长应当重视小班幼儿的进餐问题，为幼儿养成良好的进餐习惯而共同努力。

在观察中发现，大部分小班幼儿还不能在进餐结束后自觉清理自己餐桌上的食物残渣；部分幼儿进餐结束后直接离开座位，缺乏把自己的餐具放到固定的回收容器里的意识；一些幼儿的餐后卫生意识较弱。进餐问题若不能在幼儿入园后及时得到有效解决，一方面会影响幼儿的身体健康和发育成长，另一方面也会给幼儿带来负面的情绪困扰，影响其心理健康发展。然而，幼儿进餐问题的有效解决，不能仅靠幼儿园教师的努力，还需要幼儿家长给予有力的支持与配合。只有家长在教育观念和具体做法上与教师达成共识，根据不同幼儿的具体情况，采取有针对性的改进措施，才能从根本上帮助幼儿解决进餐问题，为其适应幼儿园生活、养成良好生活习惯、获得身心健康发展奠定基础。

（二）活动案例

午餐时间到了，多数小朋友都快速地搬好小椅子，小便后洗完手准备用餐了。天天坐在位置上开始用餐，大口地吃下去，不一会儿就吃完了。接着，他站起来直接往盥洗室走去。教师提醒他餐具还没有送，他回来拿起餐具，走到分餐桌旁，有些犹豫，不知道该做什么。

（三）指导策略

1. 环境创设

在分餐桌上贴好餐具标志，引导幼儿分类送餐具。

2. 教师指导

◎ 请小朋友们看一看，小盘子应该放到哪里呢？

◎ 我们没吃完的饭菜应该倒在哪里呢？看看谁最仔细？

3. 儿歌及绘本引导

送餐具

吃完饭呀真高兴，

插好椅子送餐具，

先放餐布再放盘，

放碗、放筷有秩序。

案例 6　咕咚咕咚

（一）活动背景

幼儿在园是否具有喝水的意识，能否喝足量的水，不仅意味着幼儿的基本生理需求是否得到满足，更从深层次反映班级氛围及师幼关系。因此，幼儿在喝水环节中呈现的状态成为衡量班级工作质量的显性指标之一。

在幼儿园一日生活中，喝水是最平常的事情，也是生活中比较重要的环节。培养幼儿的生活能力是小班最主要的教育内容。常常会看到这样的现象：有的幼儿不爱喝水；有的幼儿喝水像完成任务一样；有的幼儿只接少半杯水；有的幼儿接一大杯水，喝不完就直接倒掉；有的幼儿玩得高兴时还会忘记喝水。

一些家长叮嘱自己的孩子要多喝水，有时还会特意向教师交代，让教师多留意。

（二）活动案例

上午，教师带孩子们粘贴《美丽的小鱼》。在导入活动中，教师让幼儿模仿小鱼的样子，在水里游来游去。幼儿高兴地在教室里到处"游"。活动结束，教师准备让幼儿洗手、喝水。

在盥洗室里，教师听见西西说："我粘的小鱼可漂亮了，身上有很多颜色!"

旁边的宁宁觉得自己的画比西西的好："可是你没画水，只粘了小鱼，小鱼没有水可不行，我粘的小鱼旁边就画了很多水。"

教师凑上前去，加入了她们的谈话："对，鱼儿离不开水，它们要在水里才能游来游去。"

这时，西西难过地问："老师，那我的小鱼怎么办?"

教师笑着回答："你们都是漂亮的小鱼，要是每天都多喝点儿水，那就不缺水啦，又能游来游去啦!"

西西听了教师的话，瞪大眼睛高兴地说："太好啦! 我要喝一大杯水!"旁边的幼儿一个接一个地说："我也喝一大杯!"这时，教师也拿起自己的水杯，说："我是你们的小鱼妈妈，我也和你们一起多喝水，这样咱们可以一起游回大海里啦!"说完，全班幼儿都咕咚咕咚地喝了一大杯水。

（三）指导策略

1. 环境创设

创设"水宝宝"墙饰，提示幼儿喝水时接多少水合适。

2. 教师指导

小班幼儿爱做游戏，爱模仿。他们在模仿的过程中获取知识经验，体验快乐。教师将活动时的情境和喝水的环节很自然地衔接上，使幼儿在轻松、愉快的氛围中能够愿意喝水、主动喝水、喜欢喝水。

单纯的说教对于小班幼儿来说效果往往是事倍功半的，在游戏中培养幼儿良好的生活能力，方可使教育达到润物细无声。

3. 儿歌及绘本引导

绘本阅读:《来喝水吧》

案例 7 我把毛巾送回家

(一)活动背景

小班幼儿对教室的环境已经比较熟悉了,知道自己在幼儿园要用到水杯、毛巾、小椅子等物品,已学会正确的拿取方法。让幼儿从小养成讲卫生的习惯非常重要。针对这一点,在日常生活、主题活动中,教师可以经常借助故事、游戏等向幼儿传授讲卫生方面的有关知识,让幼儿意识到良好的卫生习惯不仅关系到身体健康,也是文明礼貌的标志。

(二)活动案例

小朋友们户外活动结束后,回到教室准备洗手、喝水。毛毛洗完了手却走来走去,不知道在找什么。

教师:"毛毛,你怎么啦?"

毛毛:"老师,我的毛巾找不到了。"

教师:"你的毛巾格子里没有吗?"

毛毛:"没有呀。我找过了,里面什么也没有。"

教师走过去帮他一起找,发现他的格子里确实没有毛巾,但是在他的格子旁边的格子里有一条毛巾。

教师:"毛毛,这条毛巾是你的吗?"

毛毛:"是的,是我的。"

教师:"毛毛,你把毛巾放到旁边的格子里了。"

(三)指导策略

1. 环境创设

毛巾格贴上照片,提示幼儿要把小毛巾送回自己的家。

2. 教师指导

教师引导幼儿用完毛巾后要把小毛巾送回家，如果不送回家，它会伤心的！

◎ 小朋友们，看一看你们的小毛巾都回家了吗？看看谁的小毛巾还在外面？

◎ 小朋友们，你们太棒啦！小毛巾都送回家啦！

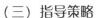 案例 8 我会穿围裙

（一）活动背景

经过一段时间的适应，大部分幼儿已经能够自己穿脱衣服了，穿衣服比较快的幼儿也会主动为穿得慢的同伴提供帮助。

（二）活动案例

乐乐："老师，为什么每次我们吃饭的时候，你们都会穿裙子啊？"

点点："那不是裙子，那叫围裙，我妈妈在家里也穿。"

教师："点点说得对，老师穿的是围裙。"

乐乐："老师，你们为什么要穿围裙？"

教师："因为老师要给小朋友盛饭呀，不穿围裙不够卫生哦。"

乐乐："啊，原来穿围裙能更干净，那我也要穿围裙。"

（三）指导策略

1. 环境创设

创设"好看的围裙"墙饰，了解围裙的构造，帮助幼儿在教师的指导下正确穿围裙。

2. 教师指导

围裙的连接处在背后，幼儿扣不好的时候引导幼儿之间互相帮忙。引导幼儿穿套袖时小手变成小拳头。

引导幼儿了解，做值日前要记得穿小围裙，避免弄脏衣服和饭菜。

◎ 这个小围裙有点不好穿，没关系，相信你们一定能想到办法。

◎ 哇，你们互相帮忙真是太棒啦，真聪明！

3. 儿歌及绘本引导

绘本阅读：《围裙妈妈的红围裙》

案例 9 小小值日生

（一）活动背景

幼儿往往是家庭的中心，受到众多亲人的宠爱。家长们关心幼儿的衣食住行，也很重视幼儿的智力发展，却可能忽视对幼儿进行劳动习惯的培养，认为孩子小，样样事情都替孩子做好，造成孩子衣来伸手、饭来张口，缺乏自理能力。

值日生工作能有效地帮助幼儿树立自信，培养良好的劳动习惯，增强集体意识，培养社会交往能力、社会责任感、动手实践能力，让幼儿在生活中得到学习与发展。此外，利用值日生工作还可以增强幼儿的独立性和为集体服务的精神。幼儿在劳动中不断认识自己，知道自己能做很多事，并且能做好，同时受到教师的表扬和同伴的称赞，不但能增强自信心，还能体会到为集体服务是很光荣的事，乐意去做。

（二）活动案例

在幼儿基本学会做值日时，组织幼儿讨论怎样擦桌子更干净、更快捷。幼儿你一言我一语，各抒己见。有的说："擦桌子时要一下挨着一下擦，要不就有擦不到的地方了。"有的说："发碗前先数一数小朋友坐的椅子，有几把椅子就发几个碗和盘。"还有的说："我在擦桌子时抹布不知为什么总爱卷起来。"大家纷纷帮他出主意:"小手按住,就不卷了。"

(三)指导策略

1. 环境创设

在值日生墙上创设"值日生工作"墙饰,引导幼儿知道值日生的工作包括分餐具、分纸巾盒、摆椅子、分毛巾、看洗手。墙饰详细展示每个工作的小要求,比如分餐具一一对应,看洗手时提醒同伴挽袖子,避免弄湿衣服。

2. 教师指导

教师在开展值日生活动前,要先与幼儿沟通交流,可以通过故事、视频或谈话等多种形式让幼儿了解值日的具体内容,并建立完善的值日生制度,使他们在值日的过程中能够有一个标准。

3. 儿歌及绘本引导

值日歌

值日生,真忙碌,
穿好围裙拿起布。
你擦桌子我拿布,
配合默契不辛苦。
擦完桌子发盘子,
一排四个数清楚。
发碗跟着发盘子,
任务完成笑哈哈。

案例 10　我是一名报餐员

(一)活动背景

挑食和偏食是不良的行为习惯,也是小班幼儿进餐过程中的普遍现象。幼儿通常会将在家进餐的食物喜好延续到幼儿园的进餐过程中,特别是在小班阶段。有的幼儿对食物较为挑剔，只吃某一类或某几类食物。经观察发现，大部分幼儿在进餐时，面对自己爱吃的饭菜会吃得较多，而对于自己不喜欢吃的饭菜则吃得较少，甚至不吃，还会把不喜欢吃的食物留在碗里。教师在对小班幼儿进行进餐教育和引导时，可根据实际情况综合使用多种方法。如餐前播报法，在进餐前，请一名幼儿对当天的菜谱进行播报，介绍当天的饭菜。随后，教师给幼儿讲解这些食物有哪些营养，吃这些食物对身体有哪些好处。这样，在调动幼儿食欲的同时也促进了幼儿对健康知识的了解。

（二）活动案例

幼儿正在吃午饭，梦甜吃了一口碗里的菜，便再也不吃了。教师看到后，走过去问："怎么啦，梦甜，有什么事情吗？"梦甜说："老师，我不爱吃这个菜，吃起来有点没味道。"教师想了想说道："你知道这个菜叫什么名字吗？"梦甜摇了摇头，教师接着说道："这种蔬菜叫芹菜，它吃起来有一点脆脆的，对我们的小肚子很好，吃完了以后小朋友的身体能更强壮。"

听教师介绍了菜名后，梦甜又愉快地吃了起来。这件事情引发了教师的思考，幼儿虽然基本适应了幼儿园的生活，挑食的情况已经减少了很多，但是仍有些幼儿存在挑食和偏食的情况。那怎么才能进一步提高幼儿的进餐情绪呢？

（三）指导策略

1. 环境创设

将常见的饭菜图片打印出来粘贴到值日生墙上，当天吃的菜品就贴到小方块标记里，报餐员一看就知道今天吃什么菜。

2. 教师指导

值日生不记得菜名时可以询问保育老师。

值日生报餐时，老师要给予肯定和鼓励，带领其他幼儿感谢值日生报餐。

三、小班进餐环节劳动教育小妙招

（1）进餐环节开始后，教师保持低声，为幼儿提供良好的进餐环境。

（2）教师要以游戏的形式和口吻，带领幼儿开展值日生劳动。

小班加餐环节劳动教育

王亚楠

一、小班加餐环节劳动教育内容及目标要求

劳动教育内容			劳动教育目标要求
自我服务	餐前	洗手	◇ 知道洗手前请教师帮忙挽起袖子 ◇ 愿意在幼儿园洗手，能够在教师带领下逐渐学会七步洗手法 ◇ 知道使用小水流把手冲干净后及时关水 ◇ 洗手后能够在教师带领下将手上的水擦干净 ◇ 能够将毛巾一一对应地挂到自己的毛巾格
		取水杯	◇ 学习双手拿好水杯，知道保护水杯不掉落
		取加餐	◇ 在教师带领下排队取餐，不拥挤 ◇ 能够在教师指导下学习用夹子夹起食物，感受自己独立夹起食物的成就感 ◇ 能够手眼协调地将食物放到餐盘里 ◇ 在教师引导下能够按照一定数量取加餐
	餐中	自主进餐	◇ 能够在教师指导下学习倒水（奶） ◇ 在教师鼓励下，不偏食、挑食。喜欢吃瓜果、蔬菜等新鲜食物 ◇ 能够在教师提醒下把嘴里的食物咽完再说话 ◇ 进餐时保持轻松愉快的情绪 ◇ 能够及时向教师表达自己的进餐需要
	餐后	擦嘴	◇ 饭后能够在教师的提醒下擦嘴，学习正确擦嘴的方法 ◇ 知道节约用纸，每次擦嘴使用一张纸
		整理桌面	◇ 能够在教师指导下擦拭桌子 ◇ 能够在教师引导下进行垃圾分类
		漱口	◇ 能够在教师指导下用自己的小杯子漱口 ◇ 漱口时知道不咽漱口水，把水吐到水池里
		清洗加餐盘	◇ 能够在教师指导下用正确的方法清洗加餐盘 ◇ 清洗盘子时能够注意不弄湿衣物

劳动教育内容		劳动教育目标要求
为集体服务	收拾整理	◇ 能够在小朋友进餐后把擦布放回（托盘中）指定位置 ◇ 能够在小朋友进餐后双手把纸巾盒放回原处
为社会服务	垃圾分类	◇ 认识四种垃圾分类的标志，认识可回收垃圾、其他垃圾、厨余垃圾、有害垃圾的颜色和标志 ◇ 知道乱扔垃圾会污染环境，危害健康 ◇ 知道爱护环境，不乱扔垃圾 ◇ 在教师的提示下正确将垃圾投放到相应的垃圾桶

二、小班加餐环节劳动教育案例

案例 1 小手真能干（取放自己的水杯）

（一）活动背景

通过多种形式，引导幼儿掌握正确的洗手方法，在教师的帮助下，幼儿可以使用自己的水杯喝水。根据小班幼儿的年龄特点，利用游戏激发幼儿的饮水愿望，自主取放自己的水杯，调动幼儿已有的经验，让幼儿认识到饮水的重要性，愿意自主取水杯，感受独立做事的快乐，培养幼儿良好的生活习惯。

（二）活动案例

户外活动后幼儿要吃加餐了，他们看见教师把加餐端进来，小眼睛都放光了，小声地说了起来。

宝宝："老师，宝宝要吃，宝宝想吃。"

教师："好啊！我们这就吃香香的加餐了，可是我们在吃加餐前需要做什么呢？"

嘉文："老师，我们要先去把小手洗干净。"

教师："嘉文说得太棒了。我们要跟着小螃蟹洗手歌把小手洗干净，这样小细菌才不会钻进我们的身体，我们才可以健康成长。"

教师："我们今天吃小面包，喝香香的牛奶，洗手后我们还要做什么呢？"

天天："我们要喝牛奶，需要拿自己的小水杯。"

教师："太棒了，我们知道自己的事情自己做，需要自己拿水杯。我们还可以做什么呢？"

源源："我们需要把小水杯放在小花朵上，自己倒牛奶。"

教师："我们自己倒牛奶，要怎么做呢？"

泽峰："我们要一手抱着水壶腰，一手拿着水壶的耳朵，小眼睛看水杯，这样就不会洒了。"

教师："小朋友们都是能干的好宝宝。吃完喝完我们要做什么呢？"

泡泡："我们要把水杯放回自己的水杯家里。"

欣然："我们要把小水杯洗干净，再放回自己的家里。"

天天："小面包袋子需要放到灰色的垃圾桶里。"

绵绵："我们还需要把小桌子擦干净。"

教师："小朋友们都很棒，自己的事情自己做。"

经过热烈的讨论，幼儿发现在加餐环节自己要做的事情很多，并学会自己的事情自己做，增强幼儿自我服务意识。

（三）指导策略

1. 环境创设

在幼儿学习七步洗手法时，在墙面创设相关墙饰，引导幼儿按照正确的洗手顺序认真洗手。在幼儿每次洗手时，教师及时使用动作和语言进行引导，给予幼儿更多的陪伴与鼓励。

2. 教师指导

◎ 小朋友们像小花猫一样轻轻拿水杯。

◎ 请小朋友一手拿着小水杯的耳朵，一手托着它的小屁股，抱好水杯。

3. 儿歌及绘本引导

用儿歌《小螃蟹洗手歌》对幼儿进行引导。

绘本阅读：《小手真能干》

案例 2 垃圾分类我最棒

（一）活动背景

地球是我们共同的家，环境也是人类生存和发展的根本。通过丰富多彩的一日生活，让幼儿逐渐懂得保护环境的重要性，珍惜我们的资源，共同守护我们的美好家园。

（二）活动案例

教师："垃圾分类靠大家。小朋友们吃完加餐后，垃圾桶宝宝们也饿了。不过，我们要细心地看看它们喜欢吃的是什么。小蜗牛垃圾桶只吃新鲜的果皮等；小蓝喜欢吃纸张、塑料等；小灰喜欢吃擦嘴纸和包装袋子等。小朋友们看清楚，轻轻喂到它们的肚子里。在使用垃圾桶时，小朋友们需要注意什么呢？"

洋洋："不要把果皮扔到外面，小朋友踩到会摔倒的。"

佳雯："往小灰和小蓝里倒垃圾的时候，要用脚踩一下，盖子打开才能倒进去。"

（三）指导策略

1. 环境创设

创设"垃圾分类"墙饰，提醒幼儿分类投放。

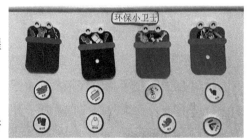

2. 教师指导

◎ 小朋友们，把我们的"小饼干"送到"小灰"的肚子里哦！

3. 儿歌及绘本引导

绘本阅读：《"挑食"的垃圾桶》《垃圾分类从我做起》

案例 3 我会取加餐

（一）活动背景

教师应鼓励幼儿做力所能及的事情，对幼儿的尝试与努力给予肯定，不因做不好或做得慢而包办代替。指导幼儿学习和掌握生活自理的基本方法，提供有利于幼儿生活自理的条件。教师应针对幼儿的年龄特点，做出相应的引导。

（二）活动案例

加餐环节到了，教师组织幼儿双手拿小水杯，像小花猫一样轻轻地走到桌子边。

教师："我们应该怎么取加餐呢？"

天天："我们要排队拿加餐，不推不挤。"

悦悦："我们在端加餐时要双手抱住小盘子，保护好我们的小盘子。"

丫丫："每个水果夹一个。"

教师："小朋友们真棒，我们都知道取加餐时要保护好我们的小水杯。小小盘子放中间，小手握住小夹子，轻轻夹住放盘中，再来数数有几个，根据数量放放好。"

（三）指导策略

1. 教师指导

◎ 小朋友先把小盘子轻轻放在桌子上。

◎ 小朋友小手拿好夹子的小腰，用手捏一捏，水果加起来放在盘子中。

2. 儿歌及绘本引导

绘本阅读：《工具学校》

案例 4 我的大本领（自主倒奶/水）

（一）活动背景

教师应尊重和满足幼儿的独立要求，避免过度保护和包办代替，鼓励并指导幼儿自理、自立地尝试自己力所能及的事。

（二）活动案例

幼儿安静地坐在桌子前，给大家展示学会的本领。欣然说："楠楠老师，您看，我会自己倒奶了。一手握着大奶壶的耳朵，一手抱着大奶壶的身体。"欣然给教师展示她倒奶的本领，小嘴巴还说着儿歌。看她倒得又稳又好，教师马上对欣然说："你真棒！学会了倒奶的大本领，小儿歌说得真好听。"听到教师的表扬，其他幼儿都要给教师展示他们倒奶的大本领。教师说："我们小手使劲，壶嘴对准小水杯，慢慢倒入水杯中，咕噜咕噜喝下它，健健康康身体好。"

（三）指导策略

1. 教师指导

◎ 小朋友们双手抱住大水壶的大肚子，壶嘴对准小杯子，慢慢把水倒进来！

2. 儿歌及绘本引导

大水壶

大水壶肚子大，
双手轻轻抱住它。
壶嘴对准小杯子，
轻轻倒入杯子中。

案例 5　小嘴真干净

（一）活动背景

教师应培养幼儿养成良好的生活、卫生习惯，有基本的生活自理能力。通过多种形式，引导幼儿掌握正确的擦嘴方法，使幼儿在教师的帮助下，把擦嘴纸放到相应的位置。

（二）活动案例

吃完加餐后，泽枫看着教师说："老师，我会变魔术了，我会变小饼干了，您看。"教师看着泽枫认真地把小纸巾变成小饼干。只见他边做动作边说："拿出一张小小纸，放在嘴上变魔术，一下变成小方块，两下变成长方形，三下变成小饼干，小嘴变得真干净。"其他幼儿看着泽枫变小饼干，纷纷给他伸出大拇指，并在加餐结束后都拿出小纸巾变起了魔术，把小纸巾变成了小饼干。欣然过了一会儿来找教师说："老师，我的小饼干变得可漂亮了。一会儿再吃东西时，我也给您变魔术。"

（三）指导策略

1. 教师指导

教师利用"我的小嘴真干净"集体活动，引导幼儿使用正确的擦嘴方法。

◎ 小朋友们在吃完加餐后，要把小嘴巴变干净。

◎ 小纸巾变魔术，变成小饼干。

2. 儿歌及绘本引导

小纸巾

拿出一张小小纸，

放在嘴上变魔术，

一下变成小方块，

两下变成长方形，

三下变成小饼干，

小嘴变得真干净。

绘本阅读：《我爱干净》《干干净净的》

案例 6 小桌子变干净

（一）活动背景

教师应鼓励幼儿做力所能及的事情，指导幼儿学习和掌握生活自理的基本方法，提供有利于幼儿生活自理的条件。教师应针对幼儿的年龄特点，做出相应的引导。

（二）活动案例

教师："小桌子是我们的好朋友，每天我们吃东西、喝水都需要它，所以当我们吃完东西后，一些残渣会留在小桌子上，我们应该怎样做呢？"

欣然："我会拿小抹布擦一擦，这样小桌面就干净了。"

天天："对，我也是这样做的。"

奕辰："老师，吃完饭、喝完水，我都会拿小抹布擦一擦，因为我们的小桌子也需要休息。"

教师："小朋友们说得太棒了，那就请最后吃完的小朋友帮助我们把小桌子清理干净，小桌子会谢谢你哦。"

（三）指导策略

1. 教师指导

◎ 小朋友们在吃完加餐后要把小桌子变干净哦！

◎ 最后吃完的小朋友要把我们的小抹布送回家！

2. 儿歌及绘本引导

擦桌子

啦啦啦，啦啦啦，

我是擦桌小行家。

小盘子，接接好，

小垃圾，擦到盘。

小桌子干净啦！

绘本阅读：《来帮忙喽！家务小能手》

三、小班加餐环节劳动教育小妙招

（1）加餐应关注幼儿身体情况，当幼儿身体不适时，及时做出调整。

（2）要以游戏的形式和口吻，带领幼儿进行加餐。

（3）用不同的图案为幼儿做标记，方便幼儿放杯子，倒水、倒奶。

（4）当幼儿为集体服务时，及时表扬，增强幼儿自信心。

（5）家长做好榜样作用，引导幼儿正确进行垃圾分类。

（6）鼓励家长做好家园一致教育，提醒幼儿自主进餐完毕后收整桌面，养成良好的进餐习惯。

小班午睡环节劳动教育

吴彦婕

一、小班午睡环节劳动教育内容及目标要求

<table>
<tr><th colspan="3">劳动教育内容</th><th>劳动教育目标要求</th></tr>
<tr><td rowspan="19">自我服务</td><td rowspan="8">午睡前</td><td>摆放椅子</td><td>◇ 在教师引导下能够将自己的椅子摆放在固定位置</td></tr>
<tr><td>摆放拖鞋</td><td>◇ 在教师引导下能够将自己的拖鞋摆放在椅子下</td></tr>
<tr><td>睡前如厕</td><td>◇ 在教师陪伴下能够知道午睡前要大小便，养成良好的生活习惯</td></tr>
<tr><td rowspan="5">脱衣服、叠放衣服</td><td>◇ 在教师引导下学习按顺序穿脱衣服</td></tr>
<tr><td>◇ 在教师引导下能够将两只鞋子摆放在椅子下</td></tr>
<tr><td>◇ 在教师引导下能够将脱下的袜子挂在椅背上</td></tr>
<tr><td>◇ 在教师引导下学习叠衣服、裤子的方法，并摆放在椅子上</td></tr>
<tr><td>◇ 懂得自己的衣服湿了、尿裤子了或有需要时向教师寻求帮助</td></tr>
<tr><td>整理发饰</td><td>◇ 在教师引导下能初步尝试自己解头发、摘发饰，并放到梳子袋中</td></tr>
<tr><td>摆放拖鞋</td><td>◇ 在教师引导下将两只拖鞋摆放在床栏杆下</td></tr>
<tr><td>自我护理</td><td>◇ 在教师引导下初步尝试自己涂唇膏和护手霜</td></tr>
<tr><td rowspan="4">午睡中</td><td>整理被子</td><td>◇ 在教师引导下能够自己将被子打开，做好午睡准备</td></tr>
<tr><td rowspan="2">调整衣物</td><td>◇ 午睡中感觉热或冷时，能够及时告诉教师，请教师帮忙添减衣物</td></tr>
<tr><td>◇ 在教师引导下知道尿床了要及时告诉教师</td></tr>
<tr><td>起床如厕</td><td>◇ 懂得午睡中有如厕的需求时，能够主动如厕后再入睡</td></tr>
<tr><td rowspan="4">午睡后</td><td rowspan="3">穿好衣物</td><td>◇ 在教师引导下能够按照顺序将衣物穿好</td></tr>
<tr><td>◇ 在教师引导下学习塞衣服、裤腿的方法</td></tr>
<tr><td>◇ 在教师引导下将拖鞋摆放回鞋柜里</td></tr>
<tr><td>摆放椅子</td><td>◇ 在教师引导下将椅子整齐摆放回桌子旁</td></tr>
</table>

续表

劳动教育内容			劳动教育目标要求
自我服务	午睡后	梳头	◇ 在教师引导下找到自己的皮筋、梳子 ◇ 在教师引导下能够在梳完头发后,将物品放回自己的梳子袋里
为集体服务	午睡前	摆放椅子	◇ 值日生在教师引导下检查椅子是否贴靠在桌腿的爱心标志上
		整理玩具	◇ 值日生在教师引导下能够将玩具推车放到固定位置
		整理发饰	◇ 在教师引导下初步尝试同伴间互相帮助将头发解开、将头饰摘掉
	午睡后	整理衣物	◇ 在教师引导下尝试帮助同伴穿衣服
为社会服务		安静午睡	◇ 在教师引导下遵守午睡规则,做到安静午睡

二、小班午睡环节劳动教育案例

案例 1 摆放椅子

(一)活动背景

幼儿常规培养一直是幼儿园一日生活的重中之重,一日常规贯穿幼儿的每日生活,培养良好的生活卫生习惯是受益终身的事情。教师应鼓励幼儿搬东西,例如,搬桌子、搬椅子、拿取托盘等。活动融合在日常生活中,可以锻炼幼儿的身体肌肉运动,培养平衡能力和控制能力。小椅子是幼儿一日生活中最常用的"伙伴",但许多幼儿还不会将小椅子一个一个地放好,经常乱放。有的幼儿会在班级里拖着椅子走,或者推着椅子走,甚至还有把椅子举到头上的情况。教师可以针对这些情况设计相应活动,让幼儿在游戏中逐步学会搬椅子。

（二）活动案例

集体活动结束后，教师组织幼儿依次送小椅子"回家"。当教师请到妍妍时，她边走边将小椅子举得高高的。教师连忙走过去说："宝贝，你这样很危险，小椅子会磕到其他小朋友。如果你被磕了一下是不是会很疼？"妍妍点了点头，便将小椅子放了下来。看来，是时候开展一场"我会搬椅子"的游戏活动了。第二天，在户外游戏结束后，教师请幼儿扮演"小乌龟"。进班前，教师说："宝宝们在外面玩累了，和乌龟妈妈一起回家吧！"师生共同学小乌龟走进活动室，发现散放在地上、桌边的小椅子。教师说："哎呀，我们的家怎么这么乱，小椅子怎么到处乱跑呀？我们应该怎么办呢？""小乌龟们"纷纷说道："要把小椅子送回家。"教师说："可是小椅子应该怎样安全地送回家呢？"这时，妍妍说道："要放胸前。"教师说："妍妍说得真棒。"明明说："一只手握住椅背，另一只手握住椅子前端中央。"教师说："一定要轻拿轻放，不然小椅子会疼的。今天，小乌龟有一首特别有意思的儿歌想和小朋友们分享。你们想不想听？"小朋友们说："想！"教师引导幼儿一边念儿歌《搬椅子》，一边根据儿歌内容，引导幼儿模仿搬椅子的方法。教师还在班级内张贴标线，提示幼儿在各个环节结束后小椅子的摆放位置。

针对搬小椅子，教师也开展了一系列活动。通过游戏的方式搬小椅子，不仅能够使幼儿学会正确安全地搬椅子，初步培养幼儿保护自己和他人的意识，同时发展幼儿手部肌肉的运动能力、手眼协调能力、专注力、耐心等。

（三）指导策略

1. 环境创设

在班级前方地面张贴标线，提示幼儿饭后盥洗完，将自己的椅子摆放在标线处，椅子排排坐，后腿压在标线上。

2. 教师指导

◎ 小朋友们吃完饭要先去盥洗，再来把椅子搬到横线上哦！

◎ 两把椅子之间的距离是一拳，可以用你们的小拳头来比一下，安全距离会让小朋友们在穿脱衣服的时候更加方便。

3. 儿歌及绘本引导

搬椅子

小椅子，我会搬。
一只手扶着椅子背，
一只手扶着椅子面，
两手抓住放胸前。

案例 2 睡前如厕

（一）活动背景

教育家陈鹤琴提出生活即教育的理念。在实际工作中，我们应着重于孩子生活的体验，同时运用孩子喜闻乐见的方式教育孩子，使孩子在实际生活中学会如何解决生活中的问题。同时，3~4 岁正是幼儿能力培养的最佳时期。睡前如厕能力是幼儿应具备的生活自理能力，教师应探索培养小班幼儿睡前如厕能力的方法、措施，使幼儿较快地适应幼儿园的集体生活。

（二）活动案例

幼儿散步回到班级后进行睡前如厕。这时，教师发现在一旁的美美并没有及时去如厕，而是站在镜子前面哼起了儿歌，随后又去和其他同伴聊天。见此情景，教师便说道："请还没有小便的小朋友加油啦！如果你不想小便，可以直接进入我们的睡眠舱啦！"美美听到了教师的提示，走到便池旁排队，准备如厕。看到幼儿这一表现，班级教师一致决定在盥洗室的门口，制作一个"睡前小任务"的环境创设，引导幼儿了解自己睡前的小任务，并自主完成，初步培养幼儿独立自主的意识。利用过渡环节，教师说："谁知道小朋友们睡前应做哪些准备？"天天说："要洗手，要小便。"可可说："要准备好拖鞋，摆好小椅子。"程程说："要脱衣，测体温。"教师说："你们说得都很对。原来我们有这么多小任务要做呀。可是，现在老师有个问题想请小朋友们帮忙想个好办法。每天，老师都要提醒小朋友们做这些睡前准备，班级有这么多小朋友，老师每天都要说很多遍，我的嗓子特别疼。谁能想个好办法解决这个问题呢？"萌萌说："我知道，老师可以多喝水。"微微说："我们可以像盥洗室里的洗手图片一样贴出来。"教师说："这的确是个好办法！那我们一起制作一张睡前小任务图片张贴在盥洗室门口，如果你忘记接下来要做什么事情，可以去看一看任务表。谢谢你们帮助我！"

有的幼儿还有尿床的问题，在询问后得知，原来是睡前并没有去卫生间。针对这一情况，教师通过绘本故事《睡前去尿尿》《汤姆尿床了》以及集体教学，与幼儿一起讨论，如果尿床了应该怎样做，帮助幼儿养成良好的睡前如厕习惯。同时运用多种方法帮助幼儿，在日常生活中，强化主动如厕的意识，自主如厕；根据幼儿的个体差异，按时叫醒个别幼儿如厕；观察幼儿情绪，若幼儿突然从睡梦中醒来，应第一时间询问幼儿是否要如厕。

经过一段时间的观察，幼儿不仅可以自主做事情，尿床的情况也有所减少。同时注重家园共育，指导家长帮助幼儿在家养成独立完成睡前准备的良好习惯，将班级的任务墙图片分享给家长，或请幼儿与家长一起在家制定"睡前小任务"。

（三）指导策略

1. 环境创设

（1）在盥洗室门口张贴"睡前小任务"的环境创设图片，提示幼儿睡前要做的事情。

（2）在便池处的墙面张贴如厕注意事项的图片。

2. 教师指导

◎ 小朋友们要记得做睡前小任务哦！对照着图片看一看，自己是不是每项小任务都做了。

◎ 小便后要记得把自己的小螃蟹洗干净哦！小手干干净净的，再去抹香香的护手霜。

3. 儿歌及绘本引导

用儿歌《七步洗手歌》和《抹香香》对幼儿进行引导。

案例 3　我会叠衣服

（一）活动背景

小班是培养幼儿生活自理能力的关键期。小班幼儿初步有了想要独立完成一件事情的想法，根据幼儿发展所需，锻炼幼儿自我服务的意识。生活习惯与生活能力是健康领域非常重要的组成部分。幼儿应具有自我服务意识和生活自理能力，养成良好的生活习惯，通过活动，学会叠衣服，提高生活自理能力。小班幼儿的生活自理能力较弱，幼儿的劳动教育要以"为己"为主，着重培养幼儿基本生活需要的各种劳动能力。

（二）活动案例

一天午睡后美美突然大哭。听到哭声，教师急忙赶了过去，安抚过后得知，原来她脱下来的衣服找不到了。每日午睡及起床时的穿脱衣服可谓是一件"麻烦事"，轻柔的起床音乐声中常常混杂着此起彼伏的呼喊："老师，我的衣服不见了。"幼儿午睡时脱下来的衣服总是随意放在椅子上，不整齐。于是，教师抓住此次教育契机，开展了一场叠衣服的游戏活动。在教师引导下，幼儿展开了讨论："衣服太乱了怎么办？""放在床上。""藏起来。""叠起来。"虽然答案五花八门，但幼儿最终一致认为要学会叠衣服。于是，教师带领幼儿认识了小衣服、小裤子，还唱起了有意思的儿歌。

（三）指导策略

1. 环境创设

张贴叠衣服小图例，便于幼儿边看边叠衣服。

2. 教师指导

◎ 请小朋友们将脱下来的衣服叠整齐哟！

◎ 我看到××小朋友的小衣服叠得很整齐。

3. 儿歌及绘本引导

<table>
<tr><td align="center">**叠衣服**</td><td align="center">**叠裤子**</td></tr>
<tr><td>小衣服，摆摆好，</td><td>小裤子，摆摆好，</td></tr>
<tr><td>两扇大门关一关。</td><td>把它变成一条腿。</td></tr>
<tr><td>左抱抱，右抱抱，</td><td>裤脚找找小裤腰，</td></tr>
<tr><td>点点头，弯弯腰。</td><td>捏起两边抱回家，</td></tr>
<tr><td>捏起两边抱回家。</td><td>裤子叠好啦。</td></tr>
</table>

绘本阅读：《我会叠衣服》

案例 4 穿好衣物

（一）活动背景

天气逐渐变冷，幼儿穿的衣服也越来越厚。每天午睡起床后，幼儿在穿衣服时状况百出，穿衣现场总会传来这样的声音："老师，我的衣服要怎么穿啊？""老师，我不会穿。""老师，是这样穿吗？""老师，你帮我穿吧。"对于小班幼儿来说，学会穿衣服是照顾自己的重要能力。穿衣服看似简单，却需要有条理、能坚持。幼儿的学习是以直接经验为基础，在游戏和日常生活中进行的。穿衣服贴近幼儿生活，可以从问题导向出发，引导幼儿主动寻找多种方法，解决生活中的实际问题，从而获得直观经验及体验。

（二）活动案例

午睡起床时，只见宇宇蹲在地上，不知在干什么。其他幼儿陆续地上了厕所，可他还蹲在床边。不一会儿，教师听到了哭声，走过去一看，宇宇哭得很伤心，他对教师说："这裤子不能穿了，妈妈没给我弄好。"教师仔细一看，原来他的裤子一个裤腿没有翻过来。于是，教师便安慰他说："没关系，别着急。我帮你穿。"一连几天起床后，宇宇总是拿着裤子坐在小椅子上不知所措，每次都要等教师来帮助他，才能将裤子穿上。还有琪琪，很多次都把鞋子给穿反了。

为了更好地了解幼儿的穿衣情况，针对穿衣中发现的问题，教师采用儿童访谈的方式，请幼儿说说为什么会穿错衣服，以及有什么好办法可以解决。教师利用朗朗上口的儿歌引导幼儿边穿边念，渐渐地，幼儿都能在有趣的儿歌里掌握穿衣小技巧。让幼儿通过触摸的方式掌握分辨衣服里外及正反的小秘诀。教师采用游戏的形式引导幼儿学穿衣服、裤子和鞋子。游戏开始时，教师说："今天，有一位小客人来到我们班和小朋友一起玩，你们高不高兴啊?""高兴!"幼儿乐得拍起手来，接着教师以小客人的口吻对他们说："小朋友，你们好! 我叫巧巧，是来和你们一起做游戏的。游戏前，我想和小朋友们分享一本有意思的故事书，名字叫《衣服山洞，钻出来》。"幼儿听得很认真，嘴里还不停地念道："两扇大门关一关，两只小手抱一抱，点点头，弯弯腰。"四句小儿歌，把衣服拉链当作"大门"，袖子当作"小手"，帽子当作"头"，折一道当作"弯弯腰"。教师每天在散步环节帮助幼儿复习儿歌。很快，班上大部分幼儿都会自己叠外套了。

活动中，教师带领幼儿进行实际体验。过程中，对幼儿发现的方法进行拍照记录，与幼儿一起讨论问题，共同探讨解决办法。与幼儿共同制作穿衣墙饰。同时注重家园共育，指导家长帮助幼儿在家养成独立穿衣的良好习惯，以及分享班级内幼儿穿衣小秘诀、穿衣儿歌、绘本。

（三）指导策略

1. 环境创设

在生活区墙饰上张贴穿衣服和裤子的顺序图、塞衣服的步骤图等。在教师引导下，幼儿按照正确的顺序和步骤穿好衣服。

2. 教师指导

◎ 小朋友们可以看着墙上贴的图片来穿衣服，相信小朋友们都能把自己的衣服穿整齐。

◎ 小朋友们可以尝试自己整理衣服，再将小拖鞋放回鞋柜，最后别忘了来找老师检查哟!

◎ 天气越来越冷了，我们的小肚子非常怕冷，小朋友们有什么办法保护它呢?

3. 儿歌及绘本引导

穿衣服

一件衣服四个洞，宝宝钻进大洞洞。
脑袋钻出中洞洞，小手伸出小洞洞。

穿裤子

一条裤子两个筒，上边一个大圆筒。
腿从大圆桶中进，低是前边高是后。

绘本阅读：《我会穿衣服》《自己穿衣服》

案 例 5 穿鞋记

（一）活动背景

3~4 岁是幼儿生活自理能力初步形成的关键期，幼儿生活自理能力的形成，有助于培养幼儿的责任感、自信心及处理问题的能力，对幼儿今后的生活产生深远的影响。生活即教育，通过有趣的穿鞋比赛，幼儿认识到自己的事情要自己做，自我服务意识得以激发，生活自理能力能够得到一定的提升。学会正确的穿鞋方法可以提高幼儿的动手操作能力及小肌肉群的发展，让幼儿体验成功的快乐，做生活的小主人。

（二）活动案例

小班幼儿适应了幼儿园的一日生活后，可以在一日生活中为自己服务了。但午睡起床后，有的幼儿在穿鞋子时，仍会出现分不清左右的现象。这天，可可大喊道："老师，我的鞋子不舒服，我不想穿了。"教师走过去一看，原来是鞋子穿反了。借此契机，班级开展了一次"我会穿鞋子"的活动。"小朋友们，你们知道鞋子穿反了有什么不方便吗？""会很不舒服，走路会很慢的。""走路会容易摔跤。""你们知道哪些穿鞋小技巧呢？""我们要把鞋子对对好再穿上！鞋子的头是不一样的。"通过此次活动，幼儿知道了两只鞋子虽然看上去相同，其实有很多地方都是相反的，如鞋头、鞋子的"嘴巴"、鞋子的拉链；并且知道穿错鞋子不安全，容易摔跤，造成身体受伤。

教师利用儿歌引导幼儿学习穿鞋的方法，儿歌《鞋宝宝》对幼儿穿对鞋子有很大的帮助。每次起床后，幼儿一边把小脚并拢，一边念儿歌，一边穿鞋子。同时，幼儿通过观察了解两只鞋子的不同，知道了鞋子放正确之后中间会有个小洞洞；也知道了有"鲨鱼嘴巴"的鞋子，"鲨鱼嘴巴"要朝向外面才是正确的；还知道了有拉链的鞋子，拉链是一对好朋友，喜欢手拉手。幼儿在有趣的儿歌中，认识了自己鞋子的种类，学会了正确穿鞋。

（三）指导策略

1. 环境创设

在生活墙上创设"穿鞋的方法"墙饰。

2. 教师指导

◎ 鞋子是我们每个人日常生活中的好朋友，它的本领很大，可以保护我们的小脚不受伤。小鞋子也会很调皮，有时候会找错好朋友，这样我们就容易摔倒，穿着也会觉得不舒服。你们知道正确的穿鞋方法吗？

◎ 小朋友穿鞋前，先看看小鞋子有没有头碰头呀！

3. 儿歌及绘本引导

鞋宝宝

两只鞋宝宝，一对好朋友。

要来一起来，要走一起走。

穿对啦，头碰头真高兴。

穿错啦，背对背好生气。

三、小班午睡环节劳动教育小妙招

（1）我是小能手，大比拼。利用幼儿在午睡前和午睡后的穿脱衣服环节，教师可以将幼儿分组，进行趣味比拼。比拼内容包括穿脱衣服、叠衣服和摆放鞋袜，以趣味的游戏形式激发幼儿自我服务的动力，同时帮助幼儿提高做事情的速度。

（2）小值日生，上岗责任制。请当天的值日生选择自己的任务，如一位幼儿帮助同伴穿脱衣服和解头发，一位幼儿检查椅子和衣物摆放情况。一位幼儿负责掀床罩，增强幼儿的任务意识和劳动意识，初步体验为集体服务的乐趣。

（3）午睡小达人，奖励制。创设"一周午睡小达人"墙饰，教师和幼儿利用每周五晚离园前的一段时间，根据墙饰，评选出本周班级的摆放小达人、入睡小达人、整理小达人，达到标准的幼儿均可当选。小达人们可以获得相应的奖励。

小班如厕环节劳动教育

王思佳

一、小班如厕环节劳动教育内容及目标要求

劳动教育内容			劳动教育目标要求
自我服务	如厕前	表达需求	◇ 能够在教师提醒后知道有大小便要及时去厕所 ◇ 能够在教师指导下知道班级如厕的地方，学会自己上厕所
		查看纸张	◇ 能够在教师指导下知道厕纸不足时要告诉教师
	如厕中	正确站位	◇ 在教师引导下知道自己的性别，学会正确的小便方法
		正确脱裤	◇ 能够在教师指导下知道将裤子脱到膝盖处
		排便位置	◇ 在教师指导下知道双脚站到正确的位置如厕
		适量用纸	◇ 知道便后要用适量的纸擦屁股
	如厕后	正确擦拭	◇ 学习擦屁股的方法 ◇ 擦完屁股知道请教师帮忙检查
		正确扔纸	◇ 知道用过的纸投放在垃圾桶里
		冲洗便池	◇ 在教师指导下知道便后冲厕所
		整理衣物	◇ 能够通过儿歌学习塞衣服的步骤 ◇ 知道保护小肚皮的正确方法，在说说、看看、做做中学习将内衣塞进裤子的方法，不露小肚皮
		洗手	◇ 知道洗手前请教师帮忙挽起袖子 ◇ 愿意在幼儿园洗手，能够在教师带领下逐渐学会七步洗手法 ◇ 知道使用小水流把手冲干净后及时关水 ◇ 洗手后能够在教师带领下将手上的水擦干净 ◇ 能够将毛巾一一对应地挂到自己的毛巾格
		更换衣物	◇ 知道衣物脏了告诉教师，请教师帮助更换

劳动教育内容		劳动教育目标要求
为集体服务	如厕前 查看纸张	◇ 愿意提示其他幼儿便后用纸擦屁股 ◇ 厕纸没有时，愿意告诉教师进行补充
	如厕中 查看站位	◇ 愿意帮助其他幼儿查看正确的站位
	如厕中 查看垃圾	◇ 愿意提示其他幼儿将纸投放到垃圾桶内 ◇ 垃圾桶满时，愿意告诉教师清理垃圾
	如厕后 整理衣物	◇ 愿意提示其他幼儿将衣服整理整齐 ◇ 当发现遇到困难的幼儿时，愿意提供帮助
为社会服务	懂得节约	◇ 能够在教师指导下知道浪费纸是不对的，有节约意识
	保护环境	◇ 能够在教师指导下知道垃圾应该扔到垃圾桶里，不能随便乱放
	爱护设施	◇ 有初步的爱护公共设施的意识

二、小班如厕环节劳动教育案例

案例 1 我会上厕所

（一）活动背景

如厕是幼儿园一日活动中的重要生活环节，它能反映幼儿最基本的生活自理能力和生活卫生习惯。在幼儿的日常生活中，教师要逐步引导幼儿学习如厕、养成定时大便、不憋尿的习惯。为此，教师设计有效的活动对幼儿进行有针对性的引导。

（二）活动案例

玥玥是刚入园的小班新生，经过开学前与妈妈的多次沟通后，教师了解到玥玥不会自主如厕，还是个穿纸尿裤的小女孩。一天，在给玥玥更换纸尿裤时，教师发现她的屁股上都是密密麻麻的小疙瘩，还有抓破的结痂，心想一定要尽快帮助玥玥戒掉纸尿裤。在一次区域环节时，教师陪她在"娃娃家"玩，只见她拿起一个小杯子在喂小娃娃喝水，教师抓住契机，问她："玥玥，小娃娃喝完水了想上厕所，咱们带着小娃娃一起去厕所好不好?"玥玥高兴地点点头，于是两个人愉快地出发了。教师说："哎呀，玥玥，小娃娃不会在厕所小便，你能教教它吗?"玥玥犹豫了一下，但却很高兴地点了点头。"你看咱们幼儿园还有个河马的小马桶，好可爱呀，你和小娃娃一起在小河马上小便吧!"教师帮助玥玥脱下了纸尿裤，引导她慢慢地坐上了小马桶。经过了几次"给小娃娃示范如何上厕所"，教师利用绘本故事、区域游戏等环节对幼儿进行集体教育，引导幼儿正确如厕。玥玥逐渐学会自己蹲在小便池上上厕所了。教师为玥玥感到高兴。

（三）指导策略

1. 环境创设

在幼儿初学如厕时，可为幼儿提供小马桶、安装小扶手，使幼儿感到温馨，愿意在园如厕。

在墙面创设如厕步骤图示，引导幼儿按照正确的顺序如厕，分别在男孩、女孩便池前贴上小脚丫，引导幼儿站在小脚丫上如厕。在幼儿每次如厕时，教师及时帮助与指导，多和幼儿互动，给予幼儿更多的陪伴与鼓励。在幼儿每次成功如厕后，及时表扬与肯定，增强幼儿的自信心。

2. 教师指导

◎ 小朋友们如果有便意了要去厕所。要帮助便便，把便便送回家哦!

◎ 小男孩要站着尿尿，小女孩要蹲着尿尿。找一找墙上的小朋友，跟着他们一起试试吧!

3. 儿歌及绘本引导

剥洋葱

剥呀剥呀剥洋葱，

一层一层慢慢剥。

放到膝盖别乱跑，

不然可就要摔倒。

绘本阅读:《我会上厕所》

案例 2　我是环保小卫士

（一）活动背景

地球是我们共同的家，环境也是人类生存和发展的根本。通过丰富多彩的一日生活，让幼儿懂得保护环境的重要性，珍惜资源，共同守护我们美好的家园。

（二）活动案例

今天的厕所格外热闹。

喵喵："老师，可可用了三张纸擦屁股！"

玥玥："老师，鑫鑫没有把纸扔进垃圾桶里！"

若谷："老师，旸旸他一直按住马桶的按钮冲厕所，水一直流！"

面对幼儿的如厕问题，教师开展了环保教育活动。

（三）指导策略

1. 环境创设

创设如厕后用合适的纸量示范图，引导幼儿用适量的纸。

2. 教师指导

引导幼儿观看视频，了解纸张和水的来之不易，教育幼儿知道节约、保护环境。

案例 3　我会整理衣物

（一）活动背景

教师既要高度重视和满足幼儿受保护、受照顾的需要，又要尊重和满足他们不断增长的独立要求，避免过度保护和包办代替，鼓励并指导幼儿自理、自立的尝试。

(二) 活动案例

教育活动结束后，幼儿都去上厕所、洗手、拿水杯了。可是，迟迟不见阳阳从盥洗室走出来，教师一看，他正在小便池前扭来扭去，快要把自己急哭了。原来是他穿的衣服太厚，脱不下来。为了防止他尿裤子，教师连忙帮他把裤子脱下，小便后，又因提不好裤子，哼哼唧唧地跟自己较劲！教师赶紧又走上前说："阳阳，裤子要一件一件提，这样比较好穿一些。"最后，阳阳在教师的引导下，顺利地把裤子提好了。

(三) 指导策略

1. 环境创设

创设正确穿脱衣物的步骤图，引导幼儿一边观看一边做。

2. 教师指导

◎ 小朋友们上厕所时要一件一件地脱，再一件一件地提上！

案例 4 我会说！

(一) 活动背景

语言能力是在运用的过程中发展出来的，教师要尽可能多地创造幼儿与教师、幼儿与幼儿之间个别交流和自由交谈的机会。要创设一个使幼儿想说、敢说、有机会说并能得到积极应答和肯定的环境。

(二) 活动案例

"老师，孟茜裤子又湿啦！"随着小朋友的声音，教师把头迅速转向了孟茜。原来，孟茜又尿裤子了。此时，孟茜把小脑袋一低，不敢看任何人，生怕会被人嘲笑。教师连忙把她抱进了盥洗室，一边帮她换衣服，一边对她说："孟茜，有便便了要赶紧告诉老师哦，这样，你的小裤子才不会被尿湿！"孟茜一言不发，默默地点了点头。

（三）指导策略

1. 环境创设

教师利用过渡活动和集体活动鼓励幼儿大胆表达，增强幼儿的自信心与交往能力。

2. 儿歌及绘本引导

绘本阅读：《勇敢表达自己》

三、小班如厕环节劳动教育小妙招

（1）创设体育游戏情境，让幼儿跟着音乐学习小鸭子走路，掌握下蹲走的动作技能要领，这个活动能够锻炼幼儿的腿部肌肉，还可以使幼儿体验与同伴一起玩的乐趣。

（2）开展"我是穿衣小能手"的教育活动，可以引导幼儿学会正确的穿衣方法，还能锻炼幼儿的动作发展能力。对于正确掌握方法的幼儿要及时表扬与肯定，对于能力较差的幼儿及时提供帮助，多多鼓励。

小班饮水环节劳动教育

付美蓉

一、小班饮水环节劳动教育内容及目标要求

劳动教育内容			劳动教育目标要求
自我服务	饮水前	洗手	◇ 知道洗手前请教师帮忙挽起袖子 ◇ 愿意在幼儿园洗手，能够在教师带领下逐渐学会七步洗手法 ◇ 知道使用小水流把手冲干净后及时关水 ◇ 洗手后能够在教师带领下将手上的水擦干净 ◇ 能将毛巾一一对应地挂到自己的毛巾格
		取水杯	◇ 学习双手拿好水杯，知道保护水杯不掉落 ◇ 取放水杯时，学习正确拿水杯的方法
	饮水中	倒水	◇ 在教师指导下学习用正确的方式倒水
		自主喝水	◇ 在教师引导下愿意饮用白开水，不贪喝饮料 ◇ 学习正确使用小水杯喝水 ◇ 在教师引导下愿意表达自己的饮水需求
	饮水后	擦桌子	◇ 在教师指导下学习擦桌子的方法
		插椅子	◇ 在教师提示下学习用双手将椅子插到桌子下
		送水杯	◇ 学习双手拿好水杯，知道保护水杯不掉落 ◇ 送水杯时，学习正确拿水杯的方法
为集体服务	饮水前	端水壶	◇ 愿意为集体服务，帮助小朋友们端水壶 ◇ 在教师提示下学会两只手端水壶，轻轻放到桌子上
	饮水后	收拾整理	◇ 能够在小朋友饮水后把擦布放回指定位置 ◇ 能够在小朋友饮水后用双手把纸巾盒放回原处
为社会服务		为园所服务	◇ 在教师提示下节约幼儿园水资源

二、小班饮水环节劳动教育案例

案例 1　咕咚咕咚喝水了

（一）活动背景

幼儿良好的生活与卫生习惯包括愿意饮用白开水，常喝白开水。饮水是一日生活环节中不可缺少的一部分。但是由于小班幼儿年龄小，主动饮水的意识薄弱。教师可以利用游戏激发幼儿的饮水愿望、调动幼儿的已有经验，让幼儿认识到饮水的重要性，同时发挥环境作用，为幼儿创设适宜的饮水环境，培养饮水习惯。

（二）活动案例

幼儿看着饮水提示墙，在旁边窃窃私语。

乐乐："老师每天都提醒我们喝水，我们为什么要喝水呢？"

希希："嘴巴干了，就需要喝啊。"

坤坤："这个我有点说不清。"

乐乐："回去问问爸爸妈妈，也许他们知道。"

轩轩："我到手机上找答案。"

天天："前几天，我的嘴巴干了很难受，妈妈让我多喝水。喝了两天，发现嘴巴没以前那么干了。"

豆包："我们人不能离开水，离开水就像小鱼离开水会死掉。"

幼儿对饮水有一定的了解后，他们又提出了新问题："什么时候喝水？"

媛媛："玩游戏时，我感到口渴了，就去喝水。"

乐乐："爬了木梯后，身上很热，我就想喝水。"

桐桐："吃点心的时候，嘴巴干干的，要喝点水润润喉咙。"

教师："在幼儿园有这么多需要喝水的时候呢！那在家呢？出去玩呢？需要喝水吗？"

想想："我姐姐每天早上起床之后，都要喝半杯温水。"

硕硕："在外面玩，出了许多汗，回来要补充水分。"

晴天："奶奶吃药的时候，要边喝水边吃药。"

苗苗："和爸爸妈妈出去旅游，我要带一个水壶，随时都可以喝水。"

心心："我感冒了，医生提醒我要多喝水。"

经过热烈的讨论，幼儿发现随时都可以饮水，没有固定的时间，在外游玩、运动后、生病吃药、起床后……都可以喝水。

（三）指导策略

1. 教师指导

◎ 让我们小手拿水杯，给我们的身体补充水分吧！

◎ 快来一起喝水吧，让我们一起变健康。

2. 儿歌及绘本引导

我爱喝水

小水杯，装满水，

我和水杯亲亲嘴。

大口大口喝下肚，

宝宝喝水身体棒！

绘本阅读：《主动喝水不生病》《乌鸦喝水》

案例 2   "喝水"的小盆栽

（一）活动背景

水是生命之源，植物、小动物都需要喝水。教师要培养幼儿良好的饮食、睡眠、盥洗、排泄等生活习惯和生活自理能力，教育幼儿爱护公物和公共环境。

（二）活动案例

为了让幼儿了解喝水的重要性，在班级开展照顾小植物的活动。小班的幼儿以直观形象思维为主，只有那些生动的、有具体形象的事物才会吸引他们的注意。

教师："咦？小朋友们快看，这是谁的植物，为什么叶子变得黄黄的了呀？"

龙龙："我妈妈说过养花需要给它施肥。"

天天："这个是不是晒太阳太多了都给晒坏了。"

苗苗："这是乐乐的，他的植物喝水喝得太少了。"

教师："是这样的吗？我们一起来照顾小盆栽，把小朋友们说的这些情况都试一试，看看叶子到底为什么变黄。让它多喝水，是不是就能让叶子重新变绿呢？"

就这样，幼儿精心照顾着这盆叶子发黄的小盆栽，每当自己喝水时都想着小盆栽也要喝水，小盆栽的叶子慢慢地变绿了。

这次照顾"生病的"小盆栽的活动，让幼儿更加关心植物的生长，也对喝水的重要性有了更加深刻的认识。

（三）指导策略

（1）话题讨论。

（2）用多种形式帮助幼儿了解水的重要性。

（3）用直观的形象引导幼儿多喝水，补充水分。

案例 3 　我会喝水了

（一）活动背景

有的小班幼儿新入园的时候，不会用水杯喝水。为了让不会用水杯的幼儿能够更快地学会用水杯喝水，教师请班里的其他幼儿来帮忙。

（二）活动案例

教师："天天，你在家的时候是用什么样子的杯子喝水呢？"

天天："我的杯子里有个小管，我用小管子来喝水。"

教师："到了幼儿园，你就长大了。小朋友都用杯子喝水，你想不想尝试一下，也用杯子喝水？"

天天："可以。"

教师："那我们先试一试。"

天天喝了一口水全部都流到了外面，于是教师鼓励他说没有关系，告诉他怎样咽下水，让他学着教师的样子把水咽下去。在喝水的时候，教师用毛巾垫在了他的衣领处，以免他的衣服弄湿。经过几次尝试后，天天还是不能把水含在嘴里。这个时候正是幼儿喝水的时间，于是教师就让六六来帮助他。六六在他旁边喝水，天天观看他喝水的动作，慢慢地进行学习。学习用水杯喝水并不是一次就能学会的，在其他幼儿喝水的时候，教师会让天天在旁边看。

当教师发现天天不会用水杯喝水后，也和家长进行了沟通。经过家长和教师的共同努力，现在天天会用水杯喝水了，而且喝水的速度还很快。

（三）指导策略

（1）家园配合。

（2）由同伴进行示范。

（3）及时鼓励幼儿，增强幼儿的自信心。

三、小班饮水环节劳动教育小妙招

（1）饮水时关注幼儿情绪，当幼儿情绪不好时不要求幼儿喝水。

（2）以游戏的形式和口吻，带领幼儿开展饮水环节。

（3）用小动物的图案为幼儿做标记，方便幼儿找到放自己杯子的格子。

（4）用可爱的小标志做喝水插牌，激发幼儿喝水的兴趣。

小班离园环节劳动教育

阚梦涵 柳 辰

一、小班离园环节劳动教育内容及目标要求

<table>
<tr><th colspan="2">劳动教育内容</th><th>劳动教育目标要求</th></tr>
<tr><td rowspan="7">自我服务</td><td>漱口</td><td>◇ 能够在教师指导下用自己的小杯子漱口
◇ 漱口时知道不咽漱口水，把水吐到水池里</td></tr>
<tr><td>洗手</td><td>◇ 知道洗手前请教师帮忙挽起袖子
◇ 愿意在幼儿园洗手，能够在教师带领下逐渐学会七步洗手法
◇ 知道使用小水流把手冲干净后及时关水
◇ 洗手后能够在教师带领下将手上的水擦干净
◇ 能够将毛巾一一对应地挂到自己的毛巾格</td></tr>
<tr><td>洗脸</td><td>◇ 学习正确的洗脸方法
◇ 洗脸后，知道用自己的毛巾擦干</td></tr>
<tr><td>收水杯和毛巾</td><td>◇ 在教师指导下把水杯放到水杯桶里
◇ 在教师指导下把毛巾放到水池中</td></tr>
<tr><td>掖裤子</td><td>◇ 掌握将衣服塞进裤子的方法
◇ 尝试自己掖裤子，掖完后找教师检查</td></tr>
<tr><td>涂护手霜</td><td>◇ 在教师指导下学习正确的涂护手霜方法</td></tr>
<tr><td>整理衣服</td><td>◇ 在教师指导下学习穿外套的方法，在教师帮助下拉上拉锁
◇ 能够在教师帮助下戴上帽子、手套、围巾</td></tr>
<tr><td>为集体服务</td><td>摆放图书和玩具</td><td>◇ 在教师引导下能够把图书和玩具有序摆放到桌子和地垫上</td></tr>
<tr><td rowspan="2">为社会服务</td><td>保护环境</td><td>◇ 在教师提示下保护园所环境，不乱扔垃圾，不破坏幼儿园公共设施</td></tr>
<tr><td>感谢服务的人</td><td>◇ 在教师引导下向为自己服务的教师表达感谢，有礼貌地说再见</td></tr>
</table>

二、小班离园环节劳动教育案例

案例 1 小脸真干净

（一）活动背景

教师利用绘本故事引发幼儿的兴趣，引导幼儿了解自己的手，并能自觉地、有意识地运用自己的小手做事情。通过儿歌的学习、实操，让幼儿正确掌握洗脸的方法，从而提高幼儿自我服务的意识和能力，愿意学做一些力所能及的事。培养幼儿讲卫生的良好习惯，锻炼幼儿的动手能力，进一步使幼儿体验到爱自己、清洁自己的愉快情绪。

（二）活动案例

辰辰指着花花："你是小花猫。"

花花："为什么？"

辰辰："我爷爷说了，脸上面脏脏的都是小花猫。"

花花要哭了："我不想当小花猫。"

教师给幼儿讲述《不爱洗脸的小熊》的故事。

教师："小熊想让你们看看，身边的小朋友谁的小脸最干净呀？"

一一："花花，你的脸上有东西。"

翌晨："哈哈，你的脸上也有！"

教师："小朋友们，我们可以用什么办法把小脸变干净呢？"

木木举起了小手："可以用手。"

辰辰："可以用纸巾做成的小饼干。"

宝宝："我们还有毛巾。"

教师："你们的小手真能干！"

教师："小熊带给小朋友们一个能把脸洗干净的小儿歌，我们来看看吧。"

教师带领幼儿边读儿歌，边擦脸。

教师："小朋友们太棒了，我们去盥洗室照照小镜子吧，让小熊看看谁的小脸洗得最干净。"

（三）指导策略

1. 教师指导

◎ 快去和毛巾宝宝做游戏吧，他们想亲亲你的小脸，快把小脸擦干净。

◎ 小毛巾夸你啦，说你的小脸擦得特别干净，你可真棒！

2. 儿歌及绘本引导

洗脸歌

双手拿起小毛巾，平平整整放手心。

擦擦眼，洗洗鼻，擦擦嘴，洗洗颈。

最后擦擦小耳朵，小脸洗得真干净。

绘本阅读：《不爱洗脸的小熊》

案例 2　小手洗香香

（一）活动背景

教师通过图画、儿歌等方式，让幼儿在轻松愉快的活动中掌握正确的洗手方法，在生活中养成饭前便后洗手的习惯。

（二）活动案例

教师在游戏中出示小老鼠手偶，激发幼儿观看手偶表演的兴趣。

教师扮演老鼠："哎哟，哎哟，我的肚子疼死了。"

教师："小老鼠怎么了？它为什么肚子疼呀？"

宝宝："他吃到小细菌了。"

教师："小细菌是怎么进到小肚子里的呢？"

宁宁："小老鼠的手是黑黑的，一定是手上的细菌。"

播放课件《不爱干净的小老鼠》，让幼儿了解洗手的重要性。

教师："小老鼠以后在吃东西前应该怎样做，肚子就不会疼了？"

希希："要把小手洗干净。"

教师："怎样才能把小手洗干净呢?"

希希："老师教过洗手的小儿歌,我们教给小老鼠吧。"

(三)指导策略

1. 环境创设

幼儿在洗手时可以看到七步洗手法步骤图。

2. 教师指导

◎ 小螃蟹说最喜欢和小手洗得干净的小朋友一起做游戏了,谁的小手洗得最干净呀?

3. 儿歌及绘本引导

用儿歌《小螃蟹洗手歌》和《七步洗手歌》对幼儿进行引导。

绘本阅读:《洗手不偷懒》

案例 3 小手擦干净

(一)活动背景

幼儿不太会洗手,比如洗手前不会卷起衣袖、不用洗手液,洗手过程马虎,洗完手不喜欢把手擦干净,常常借机玩水等。因此,依据小班幼儿年龄特点,将一日生活流程与教育活动、环境教育相结合,开展"小手擦干净"活动,帮助幼儿从小养成良好的洗手习惯。

(二)活动案例

贝贝："小艾,你的手没擦干净。"

小艾："我的小毛巾找不到了。"

教师："请小朋友们帮忙找找小艾的小毛巾吧。"

把幼儿的毛巾和照片一一对应后,发现小艾的毛巾被挂在了一个没有来园的小朋友的毛巾格里。

教师："小毛巾没有找到自己的家，它会怎么样?"

一一："小毛巾一定很害怕。"

教师："小艾的毛巾说谢谢小朋友帮它找到了家。小朋友们一定要用自己的小毛巾擦手，再把它送回自己的家。"

心心："我想抱抱自己的小毛巾。"

一一："那我们再和小毛巾做一次游戏吧。"

（三）指导策略

1. 环境创设

带领幼儿朗读《翻烙饼》儿歌，引导幼儿学习正确的擦手步骤。

2. 教师指导

◎ 小朋友们，你们自己的小"烙饼"最喜欢喝你们洗完手后干净的小水珠啦。快按照《翻烙饼》小儿歌和小"烙饼"做游戏吧。

◎ 和小毛巾做完游戏一定要把它送回自己的家哦。

3. 儿歌及绘本引导

翻烙饼

摊开小烙饼，放在手心上。

擦擦小手心，擦擦小手背。

翻个小烙饼，放在手心上，

擦擦小手心，擦擦小手背。

快把烙饼送回家。

案例 4 我会掖衣服

（一）活动背景

通过练习，有很多幼儿都会自己掖衣服了，但还是有部分幼儿不能自己掖衣服。开展活动让幼儿互相帮助掖衣服。

（二）活动案例

教师正在帮幼儿检查掖衣服的情况。

新晨："我不会掖衣服，太难了。"

教师："我们来看一看墙壁上的小哥哥是怎么掖衣服的。咱们一起试一试。"

新晨在教师的帮助下，伸出手尝试自己掖衣服，教师帮助他把没有掖好的后面掖好了。

教师："哇，新晨你看，你的衣服掖好了，小肚子藏起来了。"

新晨："哇！我会自己掖衣服啦！"

木木："你真厉害，我就还不会。"

新晨："木木，你也跟着墙上贴的小哥哥的方法学习吧。"

木木："好的，我也试试！"

教师："谁愿意当小老师教一教还不会的小朋友呢？请举手。"

教师："举手的小朋友请帮帮其他小朋友吧。"

（三）指导策略

1. 环境创设

在墙上张贴幼儿掖衣服步骤图。

2. 教师指导

◎ 小肚脐说请小朋友们保护好他们，尝试一下按照《掖衣服》儿歌试着自己掖掖小衣服吧。

◎ 自己试过后请来找老师看看，看看小肚脐要跟我夸哪些小朋友呢。

3. 儿歌及绘本引导

掖衣服

卷呀卷呀卷白菜，

剥呀剥呀剥白菜，

装呀装呀装饺馅儿，

捏呀捏呀捏饺子,

盖呀盖呀盖锅盖儿,

我的衣服掖好啦。

案例 5 小手变魔术

(一) 活动背景

冬天到了,幼儿需要涂护手霜来保护自己的小手,通过各种游戏的方法引导幼儿练习自己涂护手霜,利用儿歌告诉幼儿按压护手霜的量和正确的涂抹方法。

(二) 活动案例

教师:"冬天到了,小魔术师大赛要开始了。"

一一:"哇,魔术师!"

教师举起一瓶护手霜:"我先给小朋友们变一个魔术。"

教师:"手心对准喷口,另一只手按压一下,手心变出了一粒白豆豆。手心贴在一起亲一亲,再亲亲小手背,互相亲一亲,看!白色的香香变没啦!"

贝贝:"哇!好神奇!白色的小豆豆跑哪里去了呢?"

木木:"我猜是被老师藏起来了!"

贝贝:"我猜是藏到口袋里了。"

教师:"我把白色的小豆豆藏到手的各个地方了,你们闻一闻我的手香不香?那小朋友们也试一试吧,我看哪个小魔术师最厉害。"

(三) 指导策略

1. 教师指导

◎ 哪些小魔术师能把魔术变成功呀?

◎ 挤出黄豆粒大小的香香就可以啦,挤得太多魔术就要不成功啦。

2. 儿歌及绘本引导

涂香香

一手按下小喷头，手心接住魔法豆。

手心合拢搓搓搓，魔法豆豆化开啦。

还要搓搓小手背，另外一只别忘记。

手腕也要转一转，最后点点小指尖。

伸出小手看一看，小魔法豆变没啦！

案例 6 穿上小外套

（一）活动背景

在学习过穿外套的儿歌后，通过练习，大多数幼儿都会自己穿外套了，但还是有个别幼儿抱着衣服等教师帮忙，开展活动帮助幼儿激发练习穿衣服的兴趣。

（二）活动案例

教师："小兔子穿不上小外套，我们来帮帮它吧！"

一一："老师，我来帮小兔子！"

教师："我们教过穿外套的小儿歌，来帮帮小兔子吧。"

希希："先戴上小帽子。"

教师："我请一个小朋友上来帮小兔子。"

幼儿纷纷举手。

教师："小兔子说想请心心帮忙。"

心心连忙上前，先帮小兔子戴上小帽子，套上一只胳膊，再套另外一只，最后拉上拉链。

教师："你太棒了，小兔子想抱抱你。"

心心开心地点点头。

教师："如果以后你也可以自己穿衣服，那你穿完衣服后就能去抱抱小兔子啦?"

心心:"我自己穿,我要抱小兔子。"

(三)指导策略

1.环境创设

创设"穿外套的步骤"墙饰。

2.教师指导

◎ 穿好衣服了,宝贝们可以尝试自己拉上小拉锁,拉不上的小朋友可以请老师或者小朋友帮忙。

3.儿歌及绘本引导

扣扣子

一个眼,一个扣,

我们帮它们手拉手,

结成一对好朋友。

穿外套

小手抓住小衣服,

背面对着小肚子。

小老鼠,盖房子。

小手捏住小袖子,

左钻钻,右钻钻,

咯吱咯吱上房子。

拉拉链

小拉链,真有趣。

就像小人儿坐电梯。

小人儿走进电梯里,

两扇门,才关闭。

电梯顺着轨道走,

一层一层往上升,

我的拉链拉好了。

案例 7 摆放玩具和图书

(一) 活动背景

离园环节,幼儿在教师的帮助下整理好自己的衣物,在等待回家时,幼儿看到教师把玩具和图书都拿出来,很好奇。

(二) 活动案例

一一:"老师,为什么要把玩具和图书拿出来呢?"

教师:"因为我要给玩具和图书进行紫外线消毒啊。"

一一:"我可以帮你摆图书吗?"

欣桐:"老师,我也想帮忙。"

教师:"你们都想帮忙吗?"

幼儿:"我愿意,我愿意。"

教师:"那太好了,图书区、拼插区、益智区、美工区的玩具材料都需要摆放整齐。小朋友们,你们选择一个自己喜欢的区域,把玩具整齐地摆放在桌子上吧。图书可以整齐地摆在地垫上。"

幼儿:"好的,老师。"

在幼儿的帮助下,图书和玩具很快就摆放好了,也到了要回家的时候了。

教师:"谢谢你们,我的宝贝。在你们的帮助下,图书和玩具能够好好睡一大觉了。以后每天晚上整理好衣物的小朋友都来帮忙,好吗?"

幼儿开心地答应着,并高兴地离开教室回家了。

(三) 指导策略

1. 教师指导

◎ 小朋友们真能干!图书和小玩具在你们的帮助下能够睡个好觉了。

◎ 图书和玩具要摆放整齐哦!

2. 儿歌及绘本引导

绘本阅读:《小威利做家务》

三、小班离园环节劳动教育小妙招

（1）离园时关注幼儿情绪，帮助幼儿回忆一天中美好的事物。

（2）以游戏的形式和口吻组织幼儿开展离园活动。

（3）可以开展趣味小竞赛（如穿衣比赛、合作穿衣竞赛等），让幼儿在劳动中获得成就感。

（4）注重培养幼儿的自主劳动意识，对幼儿能够自己的事情自己做、为集体服务等优秀劳动行为，进行及时表扬。

中班

劳 动 教 育

中班入园环节劳动教育

董君颖　卢思思

一、中班入园环节劳动教育内容及目标要求

劳动教育内容		劳动教育目标要求
自我服务	插晨检牌	◇ 能够将晨检牌插在自己的名字处
	摆放自己的物品	◇ 能够在教师指导下观察衣帽柜边是否有人，安全开关衣帽柜，能够随手关门 ◇ 能够努力做好力所能及的事情，不怕困难，开始有一定的责任感 ◇ 能够带齐所需的生活物品，懂得不带危险物品入园 ◇ 能够整理自己的物品，将物品放到相应的位置
	整理衣服	◇ 能够根据自己的生活经验脱衣服 ◇ 会用衣架挂衣服
	签到	◇ 能够在相应的位置画上自己喜欢的标志，完成签到
	洗手	◇ 洗手前能够自己挽起袖子或和同伴互相帮助挽袖子 ◇ 能够在教师提醒下正确使用七步洗手法洗手 ◇ 能够在洗手的过程中使用适量的洗手液 ◇ 能够在洗干净手的时候及时关上水龙头 ◇ 洗手后能够使用自己喜欢的方法将手上的水擦干净
	挂毛巾	◇ 能够将毛巾挂在自己的名字处
	漱口	◇ 能够用自己的杯子接适量的水漱口，知道漱口时弯腰低头，不让水溅到外面
为集体服务	送玩具回家	◇ 能够将玩具按照标志送回家
	照顾自然角	◇ 能够在教师指导下有计划地给植物浇水、喂养小动物
	摆放图书	◇ 能够主动帮助教师按照标志将图书送回家

续表

劳动教育内容		劳动教育目标要求
为集体服务	晨间劳动	◇ 喜欢参加晨间劳动，体验整理的乐趣 ◇ 能够自主选择自己喜欢的劳动内容，同时敢于尝试对自己有难度的劳动内容 ◇ 擦拭玩具柜、鞋柜时能按照从里到外、从上到下的顺序依次进行擦拭 ◇ 能用适当的方式表达自己参与劳动的情感和需要
为社会服务	礼仪小标兵	◇ 能够主动与同伴和教师问好
	感谢晨间为我们服务的教师	◇ 能用礼貌用语向晨检教师和为我们服务的人问好，对别人的帮助表示感谢
	爱护公共环境	◇ 爱护公共设施，保护环境卫生，不乱丢垃圾

二、中班入园环节劳动教育案例

案例 1　妈妈没给带

（一）活动背景

幼儿在幼儿园容易将自己的物品随意乱放。回到家以后，由于家长的照顾，幼儿更是不把这些事情放在心上。让幼儿在真实的生活场景中获得劳动锻炼的机会，从而帮助幼儿掌握一些自我服务和生活基本技能，养成良好的生活劳动习惯，树立正确的劳动观念，为将来的学习与发展奠定基础。

（二）活动案例

随着一声清脆的"老师早上好"，飞奔过来一个小男孩，直接扑向教师的怀抱。"点点早上好！每天都是开心地来幼儿园，我真为你高兴。"教师热情地跟他打招呼。教师接着又说："点点，昨天发的安全责任书带来了吗？"他先疑惑了一下，紧接着说："妈妈没有给我带。"点点妈妈也附和着说："是啊，我忘了给他带了，晚上接他的时候再带来吧。"教师对点点妈妈说："没关系，下次可以让点点自己想着。"妈妈会意地笑了笑，离开了幼儿园。

回到班级，教师拉着点点的小手柔声说："点点，你带回家的安全责任书是谁的呀？"他低头小声地回答："是我的。"教师又接着说："咱们之前的约定是什么？"他低下头说："自己的事情自己做。"教师说："点点长大了，回家以后能自己整理自己的物品了，有了小任务也会自己完成的，对吗？"他说："老师，我知道了，今天回家我自己想着。"教师微笑着对他竖起了大拇指。

（三）指导策略

1. 教师指导

◎ ××长大了，回家以后能自己整理自己的物品了，有了小任务也要自己完成。

2. 儿歌及绘本引导

勤劳的乖宝宝

小朋友们真勤劳，

自己穿衣自己洗。

起得早来精神好，

带好物品莫忘记。

高高兴兴见老师，

每天做个好宝宝。

案例 2 脱衣服

（一）活动背景

在班级里，大部分幼儿都能自己将外套脱下来并叠好。但是对于比较小的衣服，用他们自己的方法脱，会比较困难。当幼儿遇到困难时，为他们提供试错和实践的机会，在实际操作的过程中使幼儿获得成功的喜悦。

（二）活动案例

婉婉呼哧呼哧地喘着粗气跑到教师面前说："老师，今天我是第一名吗？"教师说："你看北北在你前面，他比你稍稍早一点，正在脱衣服。"婉婉紧接着说："我得加油了，今天我是值日生，我要先到教室选分餐。"她将双手放在身体的前方，用一只手拽袖子，没有拽下来。她向教师投来求助的目光，焦急地说："老师帮我脱下来。"教师说："今天怎么脱不下来呢？咱们好好想个办法。"她着急地说："哎呀，今天的衣服有点瘦，拽不下来。"教师说："原来是这么回事啊！"教师假装思索着说："我们穿衣服的时候是伸一个洞洞，再伸一个洞洞，双手放在前面系上扣子就可以了。要是脱衣服呢？"教师顺势把手放到了背后，用左手拉右边的袖子。婉婉看到后也学着教师的样子脱衣服。

（三）指导策略

1. 教师指导

◎ 今天怎么脱不下来呢？咱们好好想个办法。

2. 儿歌及绘本引导

我会脱衣服

小拉链拉开了，
双手背背后，
拉拉拉，
拉住衣袖往下滑，
衣服脱好啦。

案例 3 不听话的外套

（一）活动背景

随着天气变冷，家长都会给幼儿穿着外套来到幼儿园。到了教室，外套脱下来之后，有的幼儿直接放到架子上，有的没有挂好，掉到了地上。教师可以用图示的方法告诉幼儿怎样正确地将衣服挂到衣架上，并用儿歌引导。鼓励幼儿又快又整齐地将衣服挂到衣架上，进一步培养幼儿的生活自理能力。

（二）活动案例

唯一穿了一件黄色的薄羽绒服，高高兴兴地入园了。可是，随之而来的挂衣服环节就让他嘟起了小嘴巴，还一下子把衣服扔到了签到桌上。教师拿起衣服对他说："这件漂亮的羽绒服是谁的啊？他的小主人呢？""老师，老师，是我的。"他着急地说。教师说："快把他放回家。"唯一说："他不听我的话啊！一会儿掉，一会儿掉的，简直比我还调皮。"说着，他还给教师做起了示范，他将衣架的一端伸进一只袖子之后，准备将衣架的另一端伸进另一只袖子时，之前放好的一端就滑出了袖子，往往顾此失彼，一只进，一只出，怎么也挂不好。他连续试了两次后，生气地直接将衣服扔在了地上。教师拿着衣服和衣架，指指挂衣服图示，对唯一说："看看小姐姐的方法，能不能把衣服挂好呢？你来试一试。"教师把衣服和衣架递给了唯一，让他按照图示的方法去试试。

唯一按照图示的方法，一边和教师说着儿歌，一边挂衣服。

（三）指导策略

1. 环境创设

创设"挂衣服"墙饰，供幼儿学习。

2. 教师指导

◎ 看看小姐姐的方法，能不能把衣服挂好呢？你来试一试吧。

3. 儿歌及绘本引导

挂衣服

小衣架，真灵巧，

一头钻进衣袖里。

小脑袋，藏藏好，

左一下，右一下。

拉拉衣角整整齐，

我的衣服挂好了。

案例 4　小玩具要回家

（一）活动背景

将数学思维活动渗透到幼儿的一日生活中，并积极探索寓教于乐的游戏化教学策略。用影子做玩具柜的标识，使幼儿在活动中积极思考，学习从上到下、从整体到局部进行观察和比较，在此基础上判断并找出实物的影子，感受到劳动带来的快乐。

（二）活动案例

"晓晓快来看看，你的小玩具回家了吗?"教师指着晓晓刚刚放到玩具柜里的玩具说道。晓晓过来看看说："回家了啊!"教师说"它真回到自己的家了吗? 要是认错家，它会着急找妈妈的，你再仔细看看。"晓晓又拿起筐看看，疑惑地说："对呀，就是这儿啊。"教师笑着说："它的犄角好像很大哟! 你再仔细观察观察。"晓晓笑着说："哦，这个角上有三个叉，我这个有一个叉，它认错家了，我要把它送回家。"

（三）指导策略

1. 环境创设

制作玩具标志，方便幼儿取放。

2. 教师指导

◎ 它真的回到自己的家了吗? 要是认错家，它会着急找妈妈的，你再仔细看看。

3. 儿歌及绘本引导

小玩具要回家

小小玩具真美丽，
天天跟我做游戏。
你玩小熊布娃娃，
我搭积木造机器。
轻轻拿，轻轻放，
不摔不扔要爱惜。
不争不抢多快乐，
做完游戏放整齐。

案例 5 小红和小绿

（一）活动背景

教师将捡到的小蜗牛拿到班级饲养，幼儿给它们起了名字：小红和小绿。从此，它们两个就是班级中的成员了。每天，幼儿会给它们带来食物，照顾它们的起居生活。

（二）活动案例

蜗牛来到班级，幼儿非常兴奋，每天来到幼儿园都会在养殖角逗留一会儿，看看他们的好朋友。

筱筱："你们看蜗牛出来了，它有四只触角，在触角上还有黑色的小眼睛呢!"

天天："现在谁也不能碰它，一碰它就会缩回去的。"

平平："它不是用眼睛看路的，妈妈说它要用触角看路的。"

婉婉："它不是有四只触角吗？两只是看东西的，两只是闻味的。"

点点："我带了它最爱吃的白菜叶，我要喂给它吃。"

晓晓："它什么都爱吃，它是杂食性动物。"

浩浩："它会跟我一样爱吃肉吗？"

沐妍："你明天带来一块给它吃，试一试不是就知道了。"

教师："它到底爱不爱吃肉呢？我们回班级一起查查资料吧。"

乐乐："老师，咱们班不是有蜗牛的书吗？我看过了，它不爱吃韭菜和大蒜，把它们辣得都要哭了。"

幼儿细心地照顾着小蜗牛，观察蜗牛的样子和动作，提出了许多问题："为什么蜗牛爬过的地方会有一道白印？""为什么一碰它，它就会缩到壳里？""为什么蜗牛的便便会不一样？"在教师的引导下，幼儿对蜗牛产生了极大的兴趣，并通过网络查找资料寻找答案。

（三）指导策略

1. 环境创设

在植物角张贴蜗牛身体构造图，以便幼儿了解蜗牛身体各部分的名称和作用。

2. 教师指导

◎ 蜗牛到底爱不爱吃肉呢？我们回班级一起查查资料吧。

3. 儿歌及绘本引导

绘本阅读：《蜗牛的日记》《小蜗牛的新房子》

案例 6　我是图书整理员

（一）活动背景

教师时常看到幼儿整理图书区的方法不是很妥当。他们有的时候会把书摞在一起，不方便下次拿取，甚至拿不好时会把书撕坏。为了解决这个问题，结合幼儿的经验，在班级活动中进行了讨论、实践，帮助他们能够正确地摆放图书。

（二）活动案例

"啪"的一声，教师顺着声音望过去，图书已经散落一地。幼儿用很无辜的眼神看着教师，仿佛在说这不是他们干的。教师走过去轻声说："没关系，我们把它整理好。"点点说："是我们在找书看，我想拿下面这本书，我一抽，它就自己倒下去了。书这样摞在一起不好拿。"幼儿发现了把书摞高这种整理方法不方便。"那你们想想办法，怎么整理可以一下子拿到自己想要看的书，还不会把别的书弄乱？"大家展开了讨论，结果发现摊开的书比较好找。问题又来了，摊开的书放在桌子上很好找，但是吃饭时怎么办？婉婉很兴奋地说："我们给它们做个标志，就像我家的门牌号一样，给它摆在书架上不就完了吗？"平平说："要是没有地方了，我们就先把它们收起来，然后过一段时间再换，不就可以了吗？"教师说："真是好主意，你们是爱动脑筋的孩子，让我们试试你们的方法。"幼儿又开始整理了。他们将书一本接一本地放在架子上，图书封面看得很清楚，也的确一下子就能找到自己想看的那本书了。幼儿在这个过程中，先是有了整理的意识，又有了整理的方法，在整个过程中，幼儿的整理能力一步一步增强，发现问题后又想办法解决问题。

（三）指导策略

1. 环境创设

利用标志将图书分类，由于幼儿不具有根据书的内容进行分类的能力，所以教师和幼儿一起讨论，在书架上制作了标志，并请幼儿将图书按照标志摆放，便于取放和整理书籍，改善了书架杂乱的现象。

2. 教师指导

◎ 没关系，我们把它整理好。

◎ 你是一个爱动脑筋的孩子，让我们试试你的方法。

3. 儿歌及绘本引导

爱护图书

小图书，真好看，

有小猴，有大象，

还有汽车和轮船。

小朋友，轻轻翻，

爱护图书大家赞。

绘本阅读:《爱书的孩子》《我喜欢书》

案例 7 真能干

(一) 活动背景

每天都有几名幼儿来得很早。他们看见教师在擦桌子,表示想要帮忙,教师把小抹布发给他们,他们兴高采烈地干了起来。浩浩用一块布一直擦,擦完这里擦那里,没有换过,也没有洗过;丹丹东擦一下,西擦一下,有的地方擦不到;平平擦到一半就被玩具吸引,去玩了。教师首先表扬了他们愿意劳动、愿意为集体服务的精神,然后和幼儿一起讨论擦桌子的方法。

(二) 活动案例

教师:"怎么擦桌子才能擦得干净呢?"

明明:"擦桌子要像老师平时消毒一样,从这边到那边,一条一条地擦。"

天天:"还要把抹布对折叠好。"

之后,教师用一块脏的抹布擦桌子,幼儿发现桌子越擦越脏。

平平:"还要把抹布洗干净,干净的抹布才能把桌子擦干净。"

幼儿总结出要先把抹布洗干净再擦,要从一个地方到另一个地方按顺序擦。幼儿还学习了擦桌子的儿歌。教师引导幼儿参与晨间劳动,体验劳动的快乐,鼓励幼儿做力所能及的事情。

(三) 指导策略

1. 教师指导

◎ 哪个勤劳的小蜜蜂,想要让我们班变得更干净、更整洁啊?

◎ 你们很认真,擦得真干净!

2. 儿歌及绘本引导

擦桌子

小抹布,洗干净,

再将抹布拧干水。
小抹布，对折好，
顺着一个方向擦。
边缘也要擦一擦，
我的桌子擦好了。

案例 8 谢谢您

（一）活动背景

有一天降温了。早上，悠悠和教师说："老师，你看我，我妈妈给我穿了一件棉服，外面又穿了一件羽绒服。"天天说："今天太冷了，保健医老师给我量体温，温度计都不好用了，她又换了一个。"教师想这是一个良好的教育契机，于是和他们讨论起来。

（二）活动案例

教师请幼儿在窗边隔着玻璃看向幼儿园门口的教师，并说："你们看，天气这么冷，保健医老师还在门口给小朋友们测量体温，负责安全的老师也在马路边引导着小朋友要走斑马线。他们冷不冷？"

明明："冷！我看他们有的人来回走动。"

教师："可是他们却不能回到屋里享受温暖的暖气，因为他们要保障小朋友的安全。请小朋友们想一想，还有谁在这么冷的天气里为我们服务？"

浩浩："为了使环境更整洁，环卫工人每天都在工作。"

多多："快递员。无论多冷，快递员都要把快递送到家。"

跳跳："医生也很了不起，他们守护我们的健康。"

教师请幼儿用图画或者拍照的方式，记录身边人的工作，让幼儿有了更直观的认识，从而产生敬佩之情，知道了原来在自己的身边也有很多了不起的人，他们在各自的工作岗位上努力着，值得我们尊敬。

（三）指导策略

1. 教师指导

◎ 有许多人在为我们服务，我们应该感恩为我们服务的人。我们做好自己的事情，会给别人带来很大的方便，能够让他们的工作轻松些。

◎ ××，你在晨检时主动张开了嘴巴，并在晨检完成时向老师说了谢谢，让老师感受到了你的温暖。

2. 儿歌及绘本引导

绘本阅读：《我们的一天》

案例 9　爱护公共设施

（一）活动背景

早晨，教师看到有的幼儿被家长从对面小区护栏的缝隙中送出来，外边有人接着。时间久了，有的护栏已经损坏。于是，教师通过图片引导幼儿在熟悉的生活场景中，认识常见的公共设施，了解它们的作用。

（二）活动案例

教师："这是什么，是干什么用的？"

佳佳："这是护栏，保护我们的。"

琛琛："有了护栏，坏人就不能进来了。"

硕硕："看到这个挡在路上，说明就不让过了。"

教师："对了，护栏能够保护我们，所以我们也要保护它，如果它坏了就不能保护和帮助我们了。公共设施能给我们带来方便，生活中你们还认识哪些公共设施？"

亮亮："公园的座椅，累了可以用来休息。"

江江："健身器材可以用来锻炼身体。"

天天："路边的垃圾桶，可以进行垃圾分类。"

微微："公交站牌，看站牌就知道坐哪个车了。"

通过幼儿的踊跃发言，教师知道他们对这些公共设施是熟悉的，利用交谈告诉幼儿，公共设施是方便大家使用的，让他们了解公共设施与我们的关系，引导幼儿了解不要破坏公共设施，它们是我们的"朋友"，在我们的生活中是必不可少的。

（三）指导策略

1. 教师指导

◎ 公共设施是为了方便大家使用的，它们是我们的好朋友。

2. 儿歌及绘本引导

爱护公共设施

公共设施作用大，

人人生活需要它。

你我共同维护好，

家园美丽城市佳。

绘本阅读：《爱护公共物品》

三、中班入园环节劳动教育小妙招

给玩具和图书贴上对应的标志，让幼儿按照标志取放玩具和图书，便于幼儿自己完成整理任务。

中班盥洗环节劳动教育

王　萌

一、中班盥洗环节劳动教育内容及目标要求

劳动教育内容		劳动教育目标要求
自我服务	挽袖子	◇ 洗手前能够自己挽起袖子或和同伴互相帮助挽袖子
	洗手	◇ 能在教师提醒下正确使用七步洗手法洗手 ◇ 能够在洗手的过程中使用适量的洗手液 ◇ 能够在洗干净手的时候及时关上水龙头 ◇ 洗手后能够使用自己喜欢的方法将手上的水擦干净
	挂毛巾	◇ 能够将毛巾挂在自己的名字处
	漱口	◇ 能够用自己的小杯子接适量的水漱口，知道漱口时弯腰低头，不让水溅到外面
	刷牙	◇ 能够用正确的刷牙步骤刷牙，知道保护牙齿的重要性
	涂护手霜	◇ 能够根据季节变化，用正确的方法涂护手霜
为集体服务	我来帮助你	◇ 能够主动为其他小朋友检查手部是否清洁干净 ◇ 能够主动帮挽起袖子的同伴放下袖子，并检查衣服里的袖子是否放下来
为社会服务	爱护公共设施	◇ 初步了解一些常见的公用设施，知道它们给大家带来的好处，是我们的"朋友" ◇ 了解水龙头的作用，激发对公共设施的爱护之情
	环保小卫士	◇ 能够在教师提醒下养成节约用水的习惯 ◇ 能够在教师提醒下培养节约用电的意识

二、中班盥洗环节劳动教育案例

案例 1 我会挽袖子

(一) 活动背景

洗手是幼儿生活中的一个重要环节。随着幼儿进入集体生活,他们都逐渐掌握了正确的七步洗手法。虽然在每天的洗手环节,教师会不断提醒和协助幼儿挽袖子,但是仍然会有幼儿把袖子打湿。面对打湿的袖子,教师组织了一次晨间谈话。

(二) 活动案例

教师:"宝贝们,袖子湿了,会有什么感觉呢?"

荻荻:"袖子湿了感觉很不舒服,凉凉的,黏在胳膊上了。"

布布:"妈妈说袖子湿了会感冒的。"

天天:"一件衣服的袖子湿了,也会把其他的衣服弄湿的。"

豆豆:"袖子湿了会冷的。"

教师:"宝贝们,那我们的袖子为什么会湿呢?"

露露:"水开得太大了。"

沐沐:"袖子没有挽起来。"

平平:"还有的小朋友把水池里的水装满,玩水。"

教师:"小朋友们说得都有道理,那我们有什么办法能让袖子不被打湿呢?"

北北:"洗手的时候我们把袖子挽起来,这样就不会打湿了。"

幼儿你一言我一语地说着自己的想法,从袖子湿了到袖子为什么会湿,再到袖子怎样才不会湿。这样深入浅出地一步步引导幼儿自己思考解决的办法。

（三）指导策略

1. 环境创设

创设"挽袖子"墙饰，提示幼儿洗手前要把袖子挽起来，这样袖子就不会湿了。

2. 教师指导

◎ 小朋友们，我们要根据儿歌里的步骤，把袖子挽起来，这样它就不会碰到水啦！

3. 儿歌及绘本引导

挽袖子

小袖子，上高山，

一爬爬到山顶端。

露出白白小手腕，

这样洗手真方便。

案例 2　小手变干净

（一）活动背景

中班幼儿已经初步形成洗手的意识，也懂得洗手的正确方法，但在日常生活中却懒于洗手，敷衍了事，不能坚持按正确的方法认真、细致地洗手。由于认知发展的限制，幼儿缺乏对卫生、细菌、疾病等相关概念及因果关系的认知，常常不认真洗手，甚至不洗手。

（二）活动案例

户外活动后，教师听见盥洗室里的天天大声说："你没有洗手，就拿毛巾擦，不讲卫生。"教师闻声看过去，只见阳阳手上拿着毛巾正准备挂到毛巾架上。教师走过去问他："天天说你没有洗手就挂毛巾，是真的吗？"阳阳低着头说："不是的，我用毛巾擦了手。"教师问："那为什么不洗手呢？"阳阳低下了头说:"因为我想快点出去,不想当最后一名。"知道自己做错了。看到阳阳这样,教师并没有批评他,而是告诉他不洗手的危害。然后教师和阳阳一起变成"小螃蟹",认真地洗起手来。

(三)指导策略

1. 满足幼儿的自豪感

对于主动洗手的幼儿,教师要及时表扬,使他们在得到同伴、教师的赞许和尊重的同时,感受到自己在集体中的位置,心理需要得到极大满足,进而产生积极情绪,激发其洗手的热情,感受到自己的能力,产生自豪感。

2. 了解产生疾病的原因

幼儿经常会玩玩具、玩沙子,所以手上很容易沾上病菌。如果用脏手抠鼻子、揉眼睛、摸嘴巴,会把病菌带进体内,引起疾病。通过让幼儿观看视频,使幼儿知道不洗干净手的后果,慢慢地使幼儿意识到洗手的重要性。

3. 环境创设

创设"七步洗手法"墙饰,提示幼儿要用正确的步骤洗手。

4. 教师指导

◎ 活动结束后,请小朋友们用七步洗手法来洗手哦!

◎ ××小朋友真棒,小手洗得真干净,小泡泡全被冲掉了!

5. 儿歌及绘本引导

用儿歌《小螃蟹洗手歌》对幼儿进行引导。

绘本阅读:《我能好好洗手》《不洗手的战争!》

案例 3 我把毛巾送回家

(一)活动背景

教师要培养幼儿具有基本的生活自理能力,能够整理自己的物品。

（二）活动案例

马上就要到户外活动时间了，天天迅速进入盥洗室小便、洗手、拿水杯，做着户外活动前的准备工作。教师发现天天洗完手以后并没有把毛巾挂在毛巾格里，而是直接把毛巾放在了一个角落。教师看着天天，天天也看着教师，丝毫没有想把毛巾挂在毛巾格里的意思。教师问道："天天，你的毛巾为什么不挂起来呢？"天天说："这样比较方便呀，我一会儿回来还要用呢！"这是许多幼儿都存在的问题，幼儿为了方便，也想到了自己的办法。户外活动结束以后，教师利用上课时间给幼儿讲了一个小故事。故事里的主人公名字叫点点，每次洗完手，点点都会把湿毛巾放在一边，没有挂起来，也没有让毛巾充分暴晒。有一天，点点刚要拿起毛巾擦手，爸爸走过来对点点说："你的毛巾太脏了，毛巾湿漉漉的会滋生很多细菌。"点点并没有理会。这时，爸爸把毛巾放在显微镜下，说道："点点，你看毛巾。"在显微镜下被放大了无数倍的毛巾，上面有许多黑乎乎的东西。这可把点点吓了一跳，从此以后，点点再也不敢把湿毛巾放在一边了。他会把湿毛巾挂起来或者挂到外边，在阳光下暴晒。幼儿此时明白了要把毛巾挂起来，这样毛巾才会变干，才会减少细菌的滋生。

（三）指导策略

1. 环境创设

毛巾格贴上名字，提示幼儿要把毛巾送回自己的"家"。

2. 教师指导

◎ 小朋友们，当我们用完毛巾时要把小毛巾送回家，如果不送回家，它会伤心的！

◎ 小朋友们，看一看你们的小毛巾都回家了吗？

◎ 小朋友们，你们太棒啦！小毛巾都送回家啦！

案例 4　咕噜噜

（一）活动背景

幼儿园一日三餐后，幼儿口中难免有食物残渣。漱口是一种方便快捷的清洁口腔的方法，可帮助幼儿保持牙齿清洁和健康。为此，应充分利用生活环节展开教育，特别是要及时抓住时机，让幼儿学习正确的漱口方法，帮助幼儿了解清洁口腔的基本方法，形成良好的卫生习惯。

（二）活动案例

吃完早餐后，幼儿拿好杯子去漱口。教师发现有几个幼儿已经进去很长一段时间了，可还没有从盥洗室出来。教师走进盥洗室，看见周周拿着水杯在漱口池边和其他幼儿在玩耍。他含着满满一口水，"咕噜咕噜"——"噗"。水像喷泉一样从嘴里喷射出去，溅到了旁边幼儿身上，把同伴的衣服打湿了一片。

（三）指导策略

1. 环境创设

创设"水宝宝"墙饰，提示幼儿漱口时接适量的水。

2. 教师指导

◎ 小朋友们，我们在三餐两点以后都要漱口哦。怎么漱口呢？跟着儿歌来学学吧！

◎ ××小朋友真棒，嘴里的脏东西都漱出来啦！

3. 儿歌及绘本引导

绘本阅读：《狮子漱漱口》

案例 5　我爱刷牙

（一）活动背景

有些幼儿刷牙存在糊弄的现象，有的幼儿常常因为着急会蘸一下牙膏就开始漱口，有的幼儿觉得不刷牙也没事儿。教师应培养幼儿具有良好的生活与卫生习惯，每天早晚按正确的方法刷牙。

（二）活动案例

程程在台上播报新闻："小朋友们，明天是 9 月 20 日，全国爱牙日。"教师说："我想问问小朋友，全国爱牙日有什么意义呢？"甜甜："老师，我知道，全国爱牙日那天要保护牙齿。"教师说："只有那天需要保护自己的牙齿吗？"幼儿的回答分成了两大派。于是，教师给幼儿讲述了没有牙齿的大老虎的故事。大老虎本来有着坚硬的牙齿，每个小动物都很怕它。一天，狐狸给了老虎大王一堆糖，老虎大王开心地吃了起来。晚上老虎正要刷牙的时候，小狐狸说："老虎大王，你要是把牙上的糖果都刷下去了，那多可惜啊！"老虎听了狐狸的话，就没有刷牙。半夜，老虎的牙开始疼了，疼得它哇哇大叫。第二天，老虎去看了医生，医生伯伯说："你的牙都坏了，得全部拔掉。"从此，它成了一只没有牙齿的老虎。幼儿通过这个故事知道了刷牙的重要性。

（三）指导策略

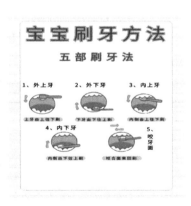

1. 环境创设

创设"刷牙的步骤"墙饰，提示幼儿要用正确的刷牙步骤刷牙。

2. 教师指导

◎ 想一想，怎样才能把牙齿刷得很干净呢？

◎ 午饭后请小朋友用儿歌中的步骤，把小牙齿刷得干干净净吧！

◎ ××小朋友，你刷牙的方法真好，你的小牙齿刷得真干净！

3. 儿歌及绘本引导

刷牙歌

小牙刷，手中拿，张开我的小嘴巴。

上面牙齿往下刷，下面牙齿往上刷。

左刷刷，右刷刷，里里外外都刷刷。

早晨刷，晚上刷，刷得干净没蛀牙。

刷完牙齿笑哈哈，露出牙齿白花花。

绘本阅读：《出发，刷牙小火车》《牙齿大街的新鲜事》

案例 6 节约用水

（一）活动背景

教师应让幼儿了解水资源的缺乏会对人类的生活影响。引发幼儿的思考，培养幼儿节约用水的意识。

（二）活动案例

户外活动结束后，幼儿来到盥洗室。乐乐和朵朵一边说话，一边洗手。"洗手的时候不能大声说话。"点点说道。教师对点点竖起了大拇指，对他们说："点点说得对。小朋友们洗手的时候要认真，不能浪费水。"上课时间到了，教师出示了一张图片。"看！小朋友们，你们发现了什么？""这个水池里盛满了清水。"蛋蛋说。教师问："如果直接把清水倒掉，这样的行为对吗？""这是不对的，这样是浪费水的行为。"——说。教师继续问道："那我们想一想，怎么才能不把这些水浪费掉呢？""我们可以用这个水洗毛巾。"盼盼说。"可以从这里盛水给花浇水。"幼儿七嘴八舌地说着。"你们说得都很有道理，那快让我们行动起来吧！"教师赞许地说。

（三）指导策略

1. 环境创设

创设"节约用水"墙饰，提示幼儿要节约用水不能浪费。

2. 教师指导

教师可引导幼儿，讲解水是生命之源，对人类有很重要的作用，不能浪费水，并对节约用水的幼儿进行表扬。

◎ 小朋友们，我们在洗手的时候，不能一直开着水龙头哦！如果你发现谁的水龙头开着，我们要及时提醒他，把水关上哦！

3. 儿歌及绘本引导

节约用水

小龙头，流水啦。

小朋友，关好它。

节约用水不忘记，

争做节水好娃娃。

绘本阅读：《世界上最后一滴水》《水从哪里来》

案例 7 水龙头守护者

（一）活动背景

帮助幼儿了解公共设施是为大家服务的，大家都应该爱护，并且知道怎样保护公共设施。

（二）活动案例

"老师，老师，你快看！水龙头不知道被谁掰歪了。"美美一边说，一边拉着教师来到盥洗室。教师检查了一下水龙头，发现水龙头的底座松了，轻轻一推，水龙头就会歪。教师转过头看着美美，对她说："宝贝！谢谢你！你发现了水龙头变歪了。现在这个水龙头坏了，不如我们告诉大家，让其他小朋友帮我们一起想想办法吧！""好呀！好呀！"美美回应道。上课时间到了，教师告诉幼儿班级里的水龙头坏了，底座松了。幼儿很担心地说："那我们没办法洗手了，怎么办？""那毛巾脏了怎么办呢？"幼儿说着自己的担心。教师继续说道："对啊！小小的水龙头对我们的用处真的非常大，如果它坏了，我们没有办法洗手，没有办法让教室变得更干净！你们有什么办法可以保护水龙头吗？"幼儿争先恐后地说："洗手的时候轻轻抬起来。""不能使劲地拧来拧去。""不能一直开着水龙头。"教师竖起大拇指道："哇！你们的办法都很棒，让我们一起行动起来，一起来做水龙头的守护者吧！"

（三）指导策略

鼓励幼儿积极参与公共设施保护的谈话活动，大胆表达自己的想法。通过讨论，看看班级里哪些设施可以为大家服务，使用的时候应该怎么做。

为水龙头制作一张名片。请幼儿将爱护水龙头的方法画在卡片上，贴在盥洗室，提醒大家水龙头的作用很大，是我们的"朋友"。

三、中班盥洗环节劳动教育小妙招

（1）与幼儿一起念儿歌，强化正确的洗手方法。

（2）以游戏的形式和口吻，引导幼儿用正确的方法刷牙漱口。

（3）用幼儿的名字为水杯、毛巾格做标记，方便幼儿取放。

（4）通过集体课使幼儿了解节约用水的重要性，分享节约用水的小妙招。

中班进餐环节劳动教育

王　辰

一、中班进餐环节劳动教育内容及目标要求

劳动教育内容			劳动教育目标要求
自我服务	餐前	洗手	◇ 洗手前能够自己挽起袖子或和同伴互相帮助挽袖子 ◇ 能够在教师提醒下正确使用七步洗手法洗手 ◇ 能够在洗手的过程中使用适量的洗手液 ◇ 能够在洗干净手的时候及时关上水龙头 ◇ 洗手后能够使用自己喜欢的方法将手上的水擦干净
		取餐	◇ 有序排队取餐，懂得等待，知道取餐具时轻拿轻放，培养良好的社会礼仪
	餐中	使用筷子	◇ 能轻松、愉快地尝试使用筷子进餐
		进餐	◇ 不偏食、挑食，不暴饮暴食。喜欢吃瓜果、蔬菜等新鲜食物 ◇ 在教师提醒下，能够节约粮食、水电等 ◇ 在进餐时能表达自己的进餐需要，能尝试自主添饭菜 ◇ 能够在轻音乐的陪伴下，心情愉悦地进餐
	餐后	擦嘴	◇ 能够使用正确的方法擦嘴 ◇ 在教师提醒下能节约纸张，增强节约的意识
		送餐具	◇ 进餐后能够按照正确方法擦桌子，双手轻轻插椅子 ◇ 送餐时能够双手拿好餐具不掉落 ◇ 能够按标识分类摆放餐具 ◇ 知道按照垃圾分类要求正确进行垃圾分类
		漱口	◇ 能够用自己的杯子接适量的水漱口，知道漱口时弯腰低头，不让水溅到外面

续表

劳动教育内容			劳动教育目标要求
自我服务	餐后	刷牙	◇ 能够用正确的方法刷牙 ◇ 能够挤适量的牙膏，知道挤完牙膏把牙膏盖盖紧 ◇ 学习使用多种方法清洗牙刷和杯子 ◇ 在教师提醒下，能够节约用水
		洗手	◇ 洗手前能够自己挽起袖子或和同伴互相帮助挽袖子 ◇ 能够在教师提醒下正确使用七步洗手法洗手 ◇ 能够在洗手的过程中使用适量的洗手液 ◇ 能够在洗干净手的时候及时关上水龙头 ◇ 洗手后能够使用自己喜欢的方法将手上的水擦干净
为集体服务	餐前	值日生穿围裙	◇ 能够在同伴帮助下穿好围裙和套袖
		分餐具	◇ 知道各种餐具的名称和作用 ◇ 学习简单的餐具分类 ◇ 有初步的集体责任感，愿意努力做好力所能及的事 ◇ 能够轻声摆放餐具
		摆纸巾盒	◇ 尝试将餐巾纸盒摆放在桌子的正中央
		摆擦布	◇ 能够将擦布叠整齐摆放在餐巾纸盒的两侧
		洗手志愿者	◇ 能够提醒小朋友认真洗手，帮助小朋友挽袖子
		摆椅子	◇ 知道轻拿轻放小椅子，不发出很大的声音 ◇ 能够使用正确的方法摆椅子，知道将椅子腿贴着桌子腿
		食谱播报	◇ 会说菜名，使用完整的语句进行介绍
	餐后	摆纸巾盒	◇ 能够将桌面餐巾纸盒轻拿轻放，放回原处
		收擦布	◇ 收拾整理桌面，能够用手接着残渣 ◇ 能够主动将擦布送回盥洗室
为社会服务		我会扔垃圾	◇ 了解垃圾分类及其标志 ◇ 能够按照垃圾分类标志区分可回收垃圾、其他垃圾、厨余垃圾和有害垃圾 ◇ 做到不乱扔垃圾，建立初步的环保意识

二、中班进餐环节劳动教育案例

案例 1   小手洗干净

（一）活动背景

手是人体接触细菌最多的部位，我们熟知的感冒、腹泻、流感等疾病都可以通过手传播。手可以把细菌传到嘴巴、眼睛、鼻子等部位，从而影响幼儿健康。洗手，一个小小的动作，却蕴含大大的学问。俗话说病从口入，对于幼儿来说，能将自己的小手用正确的方法洗干净是一项很重要的本领。

（二）活动案例

一天，教师在检查幼儿洗手的时候，发现有的幼儿只是在水龙头那里冲了冲，手上还有泥水就要出去吃饭。针对这一问题，教师给幼儿讲了绘本故事《我能好好洗手》，故事讲述了一个不爱洗手的小朋友，有一天突然肚子疼，最后发现是因为他不爱洗手，肚子里有很多细菌导致的。幼儿听了这个故事，纷纷说以后一定好好洗手。

（三）指导策略

1. 环境创设

创设"七步洗手法"墙饰，提示幼儿要用正确的洗手步骤洗手。

2. 教师指导

◎ 小朋友们，我们怎样才能让小袖子不湿呢？我们洗手前要先挽起袖子，然后再洗手。如果你挽不好袖子，可以找同伴帮忙。

◎ 我们怎样洗手才能把细菌赶走呢？我们要用七步洗手法洗手，那样才能把我们的小手洗干净。

◎ 我们都知道，冲完小手以后要挤洗手液。那我们应该挤多少才合适呢？我们按一下就可以出很多泡泡啦！如果你按多了，泡泡该冲不干净了。

◎ 洗完小手之后，我们一定要摘下毛巾擦干小手。

3. 儿歌及绘本引导

洗手歌

打开水龙头，冲湿小小手。

关上水龙头，按下洗手液。

手心搓一搓，手背搓一搓。

手指交叉搓一搓，

双手互握搓一搓，

拇指旋转搓一搓，

指尖掌心搓一搓，

手腕手腕搓一搓，

打开水龙头，冲冲小小手。

关上水龙头，谢谢水龙头。

摘下毛巾擦擦手。

绘本阅读：《我能好好洗手》《如果不洗手》《超级细菌王国》

案例 2　我来取餐具

（一）活动背景

在取餐时，幼儿不能有序排队。有的幼儿告状说："老师，超超插队。"有的幼儿说："我先站在这儿的。"还有的幼儿走到一半时饭撒了，还会发出响声。

（二）活动案例

教师："取餐时，我们要注意哪些事情呢？"

小艾："我们要双手拿餐具。"

小语："我们要排队，就像我们洗手那样。"

杭杭："我们要轻轻地走到座位上，轻轻地放餐具。"

幼儿你一言我一语，讨论得非常热烈。教师和幼儿一起制定取餐规则，幼儿纷纷拿起画笔将自己的想法记录下来。

（三）指导策略

1. 环境创设

地面创设排队提示贴纸，引导幼儿有序排队。

2. 教师指导

◎ 小朋友们在取餐时要先排队，然后双手端餐具，慢慢地走到座位上，将餐具轻轻地放在桌上。

3. 儿歌及绘本引导

小餐具我会拿

小餐具我会拿，一手碗一手筷。

筷子放在碗上面，拇指千万别松开。

慢慢走到座位上，轻轻放在桌面上。

案例 3 我会用筷子

（一）活动背景

中班上学期，幼儿的进餐工具是勺子，到下学期便会全部用筷子吃饭。取餐具时，教师听到杭杭说："还是出来晚了，没有勺子了。"教师说："你可以用筷子啊！"杭杭说："我不会用筷子。"为了让幼儿对筷子感兴趣，学会用筷子，班级开展了"我会用筷子"活动。

（二）活动案例

先让幼儿了解筷子的材质、样式、结构等。

小语："我在小班的时候就会用筷子吃饭了，怎么样，厉害吧？"

安安："我知道大班的哥哥姐姐用筷子吃饭，我们以后也会变成大班的小朋友，所以现在要多练习使用筷子。"

小艾："我觉得筷子是用木头做成的。"

果果："我觉得最早的筷子也是长长的、两头圆圆的。"

柠檬："我见过金属制作的筷子。"

原来，幼儿早就知道了这么多关于筷子的知识。那么筷子是怎么发明出来的呢？筷子都有什么材质呢？教师结合PPT让幼儿对筷子有进一步的认识。

通过故事，幼儿了解到，在远古时代，人们吃东西时用手抓。但在用火烹饪后，吃热的食物时，人们就用木棍来辅助。日久天长，人们便练就了用木棍取食物的本领。之后出现了用树枝、竹片或动物骨骼制成的筷子。

通过了解筷子的种类，幼儿对使用筷子产生了强烈的兴趣。教师可以通过图片和儿歌引导幼儿学会使用筷子。

（三）指导策略

1. 环境创设

创设"筷子使用方法"墙饰，引导幼儿学习使用筷子的方法。

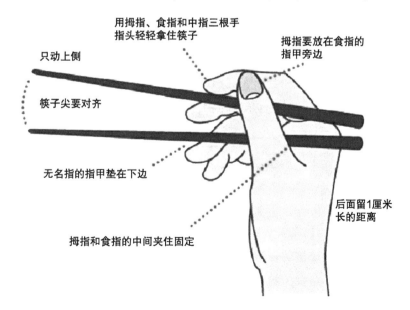

2. 教师指导

◎ 小筷子要两根一起拿，拇指、食指、中指来帮忙，先打开，再合上，这样反复地夹菜就行了。

◎ ××小朋友的筷子用得真标准，可以让他教一教我们。

◎ 我们玩夹豆子的游戏，谁的碗里夹得多，可以奖励1分。

3. 儿歌及绘本引导

我会用筷子

小筷子，本领强，

拇指、食指、中指来帮忙。

先打开，再合起，

反反复复夹起菜，

饭菜吃完味更香。

绘本阅读：《我会用筷子》《筷子》

案例 4   饭菜真好吃

（一）活动背景

教师应培养幼儿良好的饮食、睡眠、盥洗、排泄等生活习惯和生活自理能力。既要高度重视和满足幼儿受保护、受照顾的需要，又要尊重和满足他们不断增长的独立要求，避免过度保护和包办代替，鼓励并指导幼儿自理、自立地尝试。

（二）活动案例

一天，午餐时比往常要热闹得多，教师的耳边传来值日生的声音。

安安："老师，杭杭的位置下面有好多米饭，还有菜。"

杭杭："这个不是我掉的，是——掉的。"

教师："那地上的米饭和菜叶是谁掉的呢？"

于是开启"掉饭大揭秘"活动。通过观察，发现掉饭是幼儿的坐姿不正确、吃饭时不专心导致的。

教师："有什么方法能不掉饭呢?"

一一："我们要坐姿端正,小胸脯贴着桌子,那样就掉不下去了。"

俊易："我们吃饭时要专心,吃饭要弯腰大口吃。"

雯昕："一口菜一口饭,好好嚼。"

教师："小朋友们说得都很好。我们吃饭的时候要专心,坐姿要端正。除了这些,还要做到不挑食,饭菜吃干净。"

教师在盛饭时应少盛勤添,不让幼儿感到压力。饭菜分别盛在碗、盘中,鼓励幼儿一口菜一口饭,干稀搭配吃。对于幼儿不爱吃的饭菜,可以先少盛或用游戏化的语言引导幼儿进行尝试,逐步纠正幼儿的偏食现象,不苛求幼儿接受所有食物。为挑食的幼儿录制视频,激发幼儿的进餐欲望。利用绘本《蔬菜们生气了!》,引导幼儿多吃饭菜。

(三) 指导策略

1. 环境创设

(1) 创设"光盘行动"墙饰,引导幼儿将饭菜吃干净。

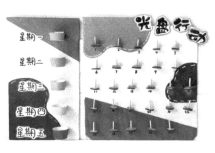

(2) 给幼儿介绍营养膳食宝塔,了解哪类食物要多吃,哪类食物要少吃,懂得均衡饮食,养成良好的饮食习惯。

2. 教师指导

◎ 小朋友们,吃饭时我们要坐姿端正,小脚并拢,小胸脯贴着桌子,认真吃饭。

◎ 如果还想吃,可以自己去前面添,能吃多少添多少,我们要珍惜粮食。

◎ 看看今天谁是我们的光盘小明星。

3. 儿歌及绘本引导

绘本阅读:《蔬菜们生气了!》《大公鸡和漏嘴巴》

案例 5 餐后五部曲

（一）活动背景

生活即教育，一日生活皆课程。餐后幼儿要做很多事情，如擦嘴、送餐具、漱口、刷牙等，这些都是需要每天坚持做的事情。

（二）活动案例

教师发现吃完饭后，有的幼儿不擦嘴就直接送餐具。送餐具的路上，菜汤或者剩的菜会洒在地上。于是，开启"餐后五部曲"活动。教师和幼儿讨论餐后应该做哪些事情。

洁洁："吃完饭我们要擦嘴。"

达达："吃完饭要把餐具送回去。"

糖宝："还要刷牙、漱口。"

童童："我们还要洗手，手上有油要把它洗掉。"

教师："嗯，小朋友们说得都特别好。老师最近发现有很多小朋友忘了怎么擦嘴了。应该如何擦嘴呢？"

云皓："应该用纸打开擦，然后对折擦，再对折擦，最后揉成小球扔进垃圾桶。"

教师："云皓说得太好了。擦嘴就是这样。我们要擦三次，然后把纸巾扔到垃圾桶。那你们知道扔到哪个垃圾桶里吗？"

幼儿："灰色的。"

教师："灰色垃圾桶放的是什么垃圾呢？"

幼儿："其他垃圾。"

教师："嗯，小朋友说得真好。那我们的剩菜属于什么垃圾呢？"

诺诺："应该是厨余垃圾吧。"

教师："嗯，你说得真好。就是厨余垃圾。"

教师利用擦嘴儿歌，引导幼儿使用正确方法擦嘴。

教师："我们知道擦嘴的方法了，擦完嘴应该做什么呢？"

幼儿："送餐具。"

教师："送餐具之前还要做一件事，就是插椅子。我们要先用双手插好小椅子，然后双手端着餐具送到指定位置。放餐具时，我们要轻轻地放，不要发出声响。送完餐具，我们要去刷牙漱口。接水的时候要接半杯水，挤黄豆粒大小的牙膏。用完牙膏记得盖盖子，要不牙膏就干了，没法用了。漱口时要弯下腰，低下头，把水吐到水池里。"

（三）指导策略

1. 环境创设

（1）分餐桌粘贴餐具的标志，引导幼儿将餐具放到指定位置。

（2）在盥洗室创设"刷牙漱口"墙饰，引导幼儿使用正确的方法刷牙漱口。

2. 教师指导

◎ 小朋友们，吃完饭要记得擦嘴巴哦。一边擦，一边想想擦嘴的儿歌。

◎ 我们没吃完的饭菜应该倒在哪里呢？看看谁最仔细。

◎ 我们站起来不着急走，先把小椅子插好，然后再送餐具，两只小手端好餐具，慢慢地走过去，轻轻地放到指定位置。

3. 儿歌及绘本引导

我会擦嘴

小纸巾两手拿，两边往中擦嘴巴。

两边对着再擦擦，最后变球扔进篓。

案例 6　值日生用处大

（一）活动背景

进入中班后，幼儿的责任感和做事的积极性明显增强了。一日生活总少不了三餐两点，三餐两点前都有小值日生们忙碌的身影。小值日生们有的分餐具，有的摆椅子，还有的擦桌子……教师发现他们对值日生的工作内容不很明确，有时不知道进餐前应该做哪些事情。发餐具时，有的幼儿会拿很多，出现餐具掉到地上的情况。

（二）活动案例

教师："小朋友们，谁知道值日生都有哪些工作呀？"

炎玺："擦桌子，发纸巾盒。"

一诺："摆椅子。"

安馨："浇花。"

杭杭："帮忙发餐具。"

月月："报菜名。"

教师："值日生的工作有这么多，那你们知道值日生在进餐环节都要做哪些事情吗？"

一一："要发纸巾盒，擦桌子。"

诺诺："还要发餐具。"

超超："搬椅子，报菜名。"

讨论后，幼儿了解了进餐环节值日生的工作。教师和幼儿一起制作值日生工作表。值日生当天早晨来园时，要先选择自己做什么，选哪个就要做哪个，要明确值日生的工作内容。

教师："餐具怎么发呢？"

童童："一桌发 5 个，每个名字上放一个餐具。如果今天有小朋友没来，就不用放。"

教师："对。我们要按桌子上的名字发餐具，放在名字上边的黄点上，没来的小朋友可以不放。那我们每次要拿几个碗或几个盘子呢？"

俊俊："5 个。"

奇奇："如果拿得多该掉地上了，那样碗就脏了，不能用了。"

教师："小朋友们说得都非常好。我们每桌有 5 个小朋友，每次发餐具时最多拿 5 个餐具就可以了。分餐具时，保证一人一碗一盘，餐具的位置应对着椅子的中间，离桌边一拳远。在放餐具的时候，要注意轻拿轻放。"

（三）指导策略

1. 环境创设

创设值日生墙，在值日生墙上粘贴值日生工作步骤图，引导幼儿知道值日生的工作包括分餐具、分纸巾盒、摆椅子、分毛巾、看洗手。墙饰详细展示每个工作的要求。

2. 教师指导

◎ 今天的值日生要选择你今天要做什么。

◎ 值日生要先把小围裙穿好，两个小朋友互相帮助。

◎ 报菜名的小朋友，声音要大一点，让其他小朋友们都听见，要不大家不知道今天吃什么美味的食物。

◎ 分餐具时要看桌子上的标志。一一对应，一个标志上放一个盘子或碗，引导小朋友轻拿轻放。值日生每次最多拿 5 个。

◎ 纸巾盒摆到桌子的正中间。

案例 7 我会扔垃圾

（一）活动背景

饭后，垃圾桶周围都是用过的纸巾。教师打开垃圾桶后，看到有的幼儿将剩饭倒进了"其他垃圾"里。于是教师通过集体教育活动，让幼儿了解生活中常见的厨余垃圾、有害垃圾、可回收垃圾、其他垃圾的分类；知道乱扔垃圾会破坏环境，要爱护环境；通过垃圾分类的小游戏让幼儿知道垃圾分类是一件既有趣又有意义的事；幼儿还学了垃圾分类的儿歌。

（二）活动案例

饭后，教师发现垃圾桶的周围有很多废纸巾，桌子底下也有纸，有的幼儿还把不爱吃的鸡蛋扔到了地上。于是，教师将这一现象用手机拍了下来。

教师："小朋友们，你们从这张照片里看到了什么?"

子兮："我看到桌子底下有纸。"

涵涵："地上还有鸡蛋。"

雯昕："地上都是废纸，好脏呀。"

教师："我们都看见这些不好的行为了，那我们应该怎么做呢？"

五一："我们应该把纸巾扔进灰色垃圾桶。"

教师："灰色垃圾桶用来装什么垃圾呢？"

五一："其他垃圾。"

嘟嘟："鸡蛋不能乱扔到地上，小朋友踩到了会把地板弄脏，我们还会摔倒。"

教师："那鸡蛋是什么垃圾呢？"

嘟嘟："是厨余垃圾。"

教师："小朋友们说得都非常好。你们知道乱扔垃圾对我们有哪些危害吗？我们今天就来说一说垃圾分类那些事儿！"

（三）指导策略

1. 环境创设

创设"垃圾分类"墙饰，在过渡环节时玩垃圾分类的游戏，扔垃圾时可以看图示以防扔错。

2. 儿歌及绘本引导

我把垃圾送回家

垃圾多，危害大。

分类摆放人人夸。

可回收，丢蓝色，

有害垃圾丢红色，

厨余垃圾丢绿色，

其他垃圾是灰色。

我们把它记清楚，

干干净净把我夸。

绘本阅读：《垃圾丢在垃圾桶》《垃圾分类》《如果地球被我们吃掉了》

三、中班进餐环节劳动教育小妙招

（1）采用奖励积分换礼品的形式，培养幼儿形成良好的用餐习惯和以劳动为荣的思想。对于能做到以下要求的幼儿，可以给予一定的积分奖励：能自己用筷子吃饭，饭菜搭配，吃完自己的一份饭菜；用餐时能保持干净，知道将食物残渣放进空碗；饭后能整理餐桌，轻轻放回餐具；饭后可以安静地进行游戏，不影响其他用餐的孩子。

（2）光盘行动小达人。利用"光盘行动"墙饰，幼儿完成三次光盘，可以兑换一个积分。

（3）正面引导。每天评选值日生小能手，激励幼儿热爱劳动、珍惜别人的劳动成果，感受为他人服务的乐趣。

（4）分餐具时，知道正确的拿餐具方法，不要一次拿得过多。指导幼儿根据每桌用餐人数拿相应数量的餐具进行摆放，不多拿。

中班加餐环节劳动教育

赵　雪

一、中班加餐环节劳动教育内容及目标要求

劳动教育内容			劳动教育目标要求
自我服务	餐前	洗手	◇ 洗手前能够自己挽起袖子或和同伴互相帮助挽袖子 ◇ 能够在教师提醒下正确使用七步洗手法洗手 ◇ 能够在洗手的过程中使用适量的洗手液 ◇ 能够在洗干净手的时候及时关上水龙头 ◇ 洗手后能够使用自己喜欢的方法将手上的水擦干净
		取水杯	◇ 能够认识自己的名字，按照正确的方法取水杯
		取加餐	◇ 有序排队取餐，懂得等待 ◇ 能够正确使用夹子夹取自己喜爱的食物 ◇ 能够按照数量取加餐
	餐中	自主进餐	◇ 能够独立倒水（奶） ◇ 不偏食、不挑食，不暴饮暴食。喜欢吃瓜果、蔬菜等新鲜食物 ◇ 在教师提醒下能够节约粮食、水电等 ◇ 在进餐时能够表达自己的进餐需要，能够尝试自主添饭菜 ◇ 能够在轻音乐的陪伴下，心情愉悦地进餐
	餐后	擦嘴	◇ 能够使用正确的方法擦嘴 ◇ 在教师提醒下能节约纸张，增强节约的意识 ◇ 能够按照标识有序地扔擦嘴纸
		收整桌面	◇ 喜欢承担小任务，体验成就感 ◇ 感知空间方位，能够正确区分上下、左右、前后等 ◇ 能够跟随儿歌内容进行模仿

劳动教育内容		劳动教育目标要求
自我服务	餐后 漱口	◇ 能够用自己的杯子接适量的水漱口，知道漱口时弯腰低头，不让水溅到外面
	清洗加餐盘	◇ 能够使用正确的方法清洗餐盘 ◇ 清洗加餐盘时，不浪费水
为集体服务	收拾整理	◇ 能够将擦布叠整齐放在餐巾纸盒的两侧 ◇ 能够将桌面餐巾纸盒轻轻放回原处 ◇ 收拾整理桌面，能够用手接着残渣 ◇ 能够主动将擦布送回盥洗室
	小小服务生	◇ 能够正确使用水壶接水 ◇ 能够按照标识放水壶，轻拿轻放
为社会服务	垃圾分类	◇ 了解垃圾分类及其标志 ◇ 能够按照垃圾的分类标志区分可回收垃圾、其他垃圾、厨余垃圾和有害垃圾 ◇ 做到不乱扔垃圾，建立初步的环保意识 ◇ 能够在餐后正确将垃圾扔到对应的垃圾桶里

二、中班加餐环节劳动教育案例

案例 1　自主取餐我最棒

（一）活动背景

幼儿升入中班后，已经逐渐养成自主进餐的习惯。在加餐环节中，幼儿会自主夹取加餐。但是通过观察，教师发现幼儿在取加餐和吃加餐时有一些行为习惯还需要纠正。一日生活皆教育。幼儿通过自主取餐，不仅提高了自我服务能力，而且懂得了谦让的重要性。营造良好的进餐氛围，帮助幼儿学会等待和体谅他人。针对幼儿在加餐时出现的各种问题，教师开展了一系列活动。

（二）活动案例

教师："小朋友们，我们每天都会自主取加餐。今天，老师想和你们回想一下，我们平时是怎样取加餐的。"

教师："小朋友们都喜欢吃加餐吗?"

果果："喜欢，我最喜欢吃幼儿园的加餐了，我喜欢吃坚果!"

璇璇："我最喜欢吃海苔!"

明明："我喜欢吃香香的饼干!"

教师："加餐真的很丰富很美味，那老师想问问你们，在你们取餐的过程中，有没有发现哪些不好的习惯呢?"

朵朵："有的小朋友不排队，有插队的现象。"

瑞瑞："有的小朋友乱放夹子，不卫生。"

宁宁："有的小朋友夹得慢，有的夹得快。"

果果："有的小朋友吃得太快了。"

恬恬："有的小朋友乱走。"

程程："排队的小朋友多，太拥挤了。"

乐乐："有些小朋友在玩耍。"

教师："小朋友们观察得都非常仔细，发现我们在加餐环节中出现了这么多不好的现象。那今天老师们来当小朋友，你们当老师，一起帮助我们指出需要改进的地方，好不好?"

幼儿："好!"

幼儿："赵老师，您没有排队，您应该在李老师的后面排好队，不可以挤李老师。""还有，您不能多取加餐，您要是取这么多，后面的人就没有了。""还有，不可以玩夹子哦!"

（三）指导策略

1. 环境创设

（1）营造宽松的进餐氛围，引导幼儿知道进餐流程，并对进餐感到愉快。

（2）展示正确进餐流程的图示，使幼儿

排队取餐

可以参考。

2. 区域游戏

针对幼儿正确使用夹子和餐具的问题，遵循针对性、灵活性、循序渐进等原则，加强幼儿手部动作练习。创设游戏情境（如筷子夹球），让幼儿在游戏中练习手部动作，促进手部肌肉协调发展。

3. 儿歌及绘本引导

排队取餐歌

小宝宝，排排队。

你在前，我在后。

不说话，不回头。

取餐时，要适量。

光盘行动我最棒！

案例 2 我只吃一小口可以吗

（一）活动背景

幼儿园必须把保护幼儿的生命和促进幼儿的健康放在工作的首位。树立正确的健康观念，在重视幼儿身体健康的同时，要高度重视幼儿的心理健康。

（二）活动案例

加餐时，教师见果果皱着眉头，看着盘子里的苹果，久久都没有吃。教师来到她身边，发现原来是因为她不喜欢吃苹果，所以一直在看着苹果，想等着最后倒掉。于是，教师蹲下来悄悄地在她耳边说："果果，你尝一尝，苹果的味道是非常酸甜可口的，而且苹果富含很多维生素，对你的身体很好呢，还能让你越来越漂亮。"果果看了看教师，但是她没有回应，也没有去吃盘子里的苹果。这时，教师说："你来吃一块吧，苹果会让我们变得更强壮呢。如果你变强壮了，就可以保护爸爸妈妈了呢。"果果抬起头看着教师，疑惑地说："真的吗？真的可以保护妈妈吗？我想保护妈妈。"于是，她把苹果放在嘴里咬了一小口，开心地吃了。

（三）指导策略

1. 儿歌及绘本引导

绘本阅读：《好饿的毛毛虫》《爱吃水果的牛》

2. 家园共育

引导家长在家为幼儿制作多样的美食，并适当提供较硬的食物，让幼儿品尝，锻炼幼儿的咀嚼能力。班级每日提供的水果，教师可以由小到大逐渐转变。比如，吃苹果时，由八分之一块过渡到四分之一块，再到二分之一块，再到啃完整的苹果。

3. 小小营养师

对于挑食的幼儿，可以请幼儿担当播报员，请家长结合幼儿园食谱提前帮助幼儿了解，并带领幼儿了解食物的外形特征和营养价值等。第二天，请幼儿在加餐前为大家播报，讲一讲不同水果的外形特征及其营养价值。这不仅会使幼儿认识不同水果的营养价值，还会使幼儿对水果感兴趣，从而逐渐喜爱尝试不同的水果，改掉挑食的不良习惯。

案例 3　我是小小值日生

（一）活动背景

培养幼儿独立自理能力，除了幼儿园的日常教育教学活动，幼儿园的值日生工作也同样重要。幼儿园的值日生工作是幼儿在园为集体服务的一种形式，是劳动教育的一个重要组成部分。为了激发幼儿参与劳动的兴趣与积极性，锻炼幼儿独立生活和做事的能力，增长他们的责任心，班级开展了"我是小小值日生"活动。

（二）活动案例

自主午餐后，教师在收拾餐桶时，牛牛连忙跑过来说："老师，我来帮你吧。"教师说:"好的,谢谢你。今天你来当值日生吧!"其他幼儿听了,纷纷发言。

果果:"哇,我也好想当值日生啊!"

木木:"我也要,我也要。"

恬恬:"那什么是值日生呢?"

幼儿你一言我一语地讨论着,纷纷向牛牛投去了羡慕的目光。为了满足幼儿的好奇心,班级开展了关于"我是小小值日生"的活动。

教师:"小朋友们觉得什么是值日生呢?"

璇璇:"我觉得值日生就是要擦桌子、扫地。"

天天:"我觉得值日生就是老师的好帮手。"

李老师:"那为什么我们需要值日生呢?"

妍妍:"因为我们的教室需要变干净,我们会很开心。"

周周:"因为老师一个人收拾不完,我们已经长大了,我们有很多的本领,可以帮助集体做事情!"

(三)指导策略

1. 自主选择值日内容

由幼儿进行投票,最终确定值日生需要做值日的项目。

2. 环境创设

创设"我是小小值日生"墙饰,将幼儿姓名做成小卡片。幼儿分成五组,每日自主选择自己想要承担的项目。将值日生需要做的事情贴在墙面上供幼儿参考。

案例 4 我是环保小卫士

(一)活动背景

"其他垃圾"桶里出现了一根香蕉皮,于是教师更新了班级垃圾桶标志,自制了一个贴着水果标志的绿色垃圾桶。幼儿对此很感兴趣,都迫不及待地把水果皮扔进班级新投放的垃圾桶内。

（二）活动案例

到了晚上收拾垃圾桶的时候，教师发现"其他垃圾"里出现了一根香蕉皮。这已经不是第一次有水果皮出现在"其他垃圾"桶里了。第二天，教师为幼儿准备了贴有香蕉皮的垃圾桶，并和幼儿一起观看了关于垃圾分类的小视频。看完视频后，教师和幼儿一起玩起了垃圾分类的小游戏，鼓励幼儿区分垃圾，并建议幼儿在每日的区域活动时可以学习垃圾分类，争做环保小卫士。

经过一段时间，幼儿对垃圾分类了解得更加清楚了。在扔垃圾的时候，都会选择匹配的垃圾桶。在班级垃圾桶前面，幼儿会火热地讨论，有的幼儿扔错了，同伴会提醒他。幼儿的垃圾分类的意识和认知得到了很大提升。

（三）指导策略

1. 环境创设

粘贴垃圾分类图示，使幼儿可以参考。

2. 区域活动

教师与幼儿在美工区画出各种物品，并制作成卡片，用废旧纸盒做成垃圾桶，投放在益智区。

3. 儿歌及绘本引导

垃圾要分类

大家一起来环保，

垃圾分类最重要，

可回收，丢蓝色，

有害垃圾丢红色，

厨余垃圾是绿色，

其他垃圾用灰色，

分类宝典要记牢。

三、中班加餐环节劳动教育小妙招

（1）创设温馨的进餐环境。进餐环节应该是愉悦享受的。教师在幼儿进餐时不要催促幼儿，在指导时要面带微笑，以创造温馨的进餐环境。

（2）用多种方法激发幼儿的食欲。激发幼儿食欲的方法有很多，比如用夸张的表情和语言为幼儿介绍今天的食物；在种植区种一些蔬菜，并让幼儿参与采摘与清洗；将食物做成可爱的造型等。

（3）满足幼儿的个别需要。教师应察觉并满足幼儿的个别需要。如面对饭量小的幼儿，教师要允许幼儿按量进食，不逼迫幼儿吃完；面对吃得慢的幼儿，教师要保持耐心，不去催促，更不要强行喂幼儿；面对表现异常的幼儿，要及时了解原因。

（4）与幼儿共同制定合理的进餐规则。许多班级都会有进餐规则，但如果强制要求幼儿执行，会让幼儿产生抵触心理。正确的做法是，让幼儿参与进餐规则的制定，并去除不合理的进餐要求。

（5）班级环境创设。创设"光盘行动"墙，"光盘"的幼儿可以得到相应的奖励。

中班午睡环节劳动教育

尚佳祺　车鑫洁　瑞敬岩

一、中班午睡环节劳动教育内容及目标要求

<table>
<tr><th colspan="3">劳动教育内容</th><th>劳动教育目标要求</th></tr>
<tr><td rowspan="15">自我服务</td><td rowspan="6">午睡前</td><td>摆放椅子、拖鞋</td><td>◇ 能够主动将自己的椅子摆放在固定位置
◇ 能够将拖鞋在椅子下面摆放整齐</td></tr>
<tr><td>睡前如厕</td><td>◇ 主动进行睡前如厕，养成良好的生活习惯</td></tr>
<tr><td rowspan="3">脱衣服、叠放衣物</td><td>◇ 能够有序地脱衣服，并将衣服和裤子整齐地叠放在椅子上</td></tr>
<tr><td>◇ 能够将鞋子和袜子摆放整齐</td></tr>
<tr><td>◇ 能够主动寻找教师帮忙将湿衣物进行晾晒并更换</td></tr>
<tr><td>整理发饰</td><td>◇ 愿意自己解头发、摘发饰，并放到梳子袋中</td></tr>
<tr><td>自我护理</td><td>◇ 掌握正确的涂唇膏和护手霜的方式，做好自己的护理工作</td></tr>
<tr><td rowspan="3">午睡中</td><td>整理被子</td><td>◇ 上床前先将自己的被子打开，做好午睡准备
◇ 在教师的帮助下，根据自己的冷热情况，调换薄厚适中的被子</td></tr>
<tr><td>调整衣物</td><td>◇ 午睡中感觉较冷或较热时，能够主动寻求教师帮忙更换适合的衣物再入睡</td></tr>
<tr><td>起床如厕</td><td>◇ 午睡中有如厕的需求时，能够主动如厕后再入睡</td></tr>
<tr><td rowspan="4">午睡后</td><td>整理床铺</td><td>◇ 起床后愿意尝试用正确的方法整理被子，将床铺收拾干净、整齐
◇ 能够主动请教师帮忙将有汗渍的床单或枕头进行晾晒</td></tr>
<tr><td>穿好衣物</td><td>◇ 按照正确的顺序穿好衣物、检查正反，并知道要塞好衣服和裤子
◇ 能够将拖鞋整齐放回鞋柜中</td></tr>
<tr><td>摆放椅子</td><td>◇ 能够将椅子整齐放回桌子旁</td></tr>
<tr><td>梳头</td><td>◇ 能够主动找教师梳头发</td></tr>
</table>

劳动教育内容		劳动教育目标要求
为集体服务	午睡前	摆放椅子	◇ 值日生检查所有的椅子，能够将椅子摆放整齐，并注意每把椅子之间的距离
		摆放玩具推车	◇ 愿意将玩具推车放在固定的位置上
		掀床罩、拉上窗帘	◇ 值日生能够将床罩拉链拉开，掀上去 ◇ 值日生能够将窗帘拉上，做好班级午睡前的准备
		整理发饰	◇ 同伴之间能够互相帮助将头发解开、摘掉头饰
		整理衣物	◇ 能够愿意帮助同伴将不好脱的衣物脱下来 ◇ 能够帮助同伴摆放衣服和鞋袜
	午睡中	整理被子	◇ 愿意并能够帮助同伴将被子整理好并盖上
	午睡后	推床、放床罩、拉开窗帘	◇ 值日生能够主动协助教师将床铺推回原位，并将床罩放下来拉上拉链 ◇ 值日生能够自觉将窗帘拉开，并用布条将窗帘围好
		整理衣物	◇ 能够帮助同伴整理衣物 ◇ 值日生检查同伴是否将衣服穿好、塞好
为社会服务		安静午睡	◇ 能够遵守午睡规则，做到安静午睡
		节约用电	◇ 等同伴躺好后，愿意将班级中的灯关闭，有节约用电的意识

二、中班午睡环节劳动教育案例

案例 1 整理衣物我能行

（一）活动背景

随着天气逐渐变冷，幼儿的衣服也穿得越来越厚。为了防止幼儿着凉，应教会幼儿在椅子上摆放衣物和穿脱衣物的顺序。

（二）活动案例

一天午饭散步后，幼儿陆续开始脱衣服。有的幼儿先脱上衣，有的幼儿先脱裤子，叠放时也是没有固定的顺序。教师发现了这个问题，但是并没有急着为幼儿纠错，而是悄悄拍下一张小椅子上衣裤乱摆的照片。为了使幼儿养成叠放衣物的好习惯，教师利用过渡环节拿出照片和幼儿讨论这个问题。

教师："宝贝们，我们要在小椅子上怎样叠放上衣和裤子才最整齐呢？"

兜兜："我会叠衣服，两扇大门关一关，两只小手抱一抱。点点头，弯弯腰，捏住两边放放好。这样衣服就叠好了！"

依依："应该先脱裤子，这样我们上身就不会冷了！"

安安："袜子可以放在小椅子下面的横杠上，小鞋子要对齐，一起放到小椅子下面，这样就不会乱了！"

熙熙："我觉得应该先换拖鞋，这样更方便！"

依依："我之前穿上衣时，刚要拿，它就掉在地上了！我觉得应该将上衣的大嘴巴朝里，这样衣服就不爱掉了。"

幼儿积极发表自己的想法，教师根据幼儿的讨论情况，规范了脱完衣服放在椅子上的顺序及方向。脱衣服时，先脱裤子，再脱上衣，裤子放在最下面，上衣放在上面。起床后，先穿上衣，再穿裤子，以防着凉。

教师还将此情况在家长群中告知，并提示家长在家中也可引导幼儿按照这个顺序摆放自己的衣物，培养幼儿的自理能力，养成良好的生活习惯。

（三）指导策略

1. 环境创设

在生活区墙饰上张贴脱衣服的顺序图、叠衣服的方法图、正确摆放鞋袜的图片等，引导幼儿按照正确的顺序脱、叠、放衣物。

创设"我是叠衣小能手"墙饰，请幼儿分享自己叠放衣服的妙招，并在全班展示。

2. 教师指导

◎ 先脱衣服再脱裤子，叠好衣服，上衣放在裤子上面。

◎ 穿衣服时要先穿上衣哦，保护我们的小肚皮。

◎ 秋裤塞到小袜子里，保护好我们的小腿！

3．儿歌及绘本引导

用儿歌《叠衣服》和《塞衣服》对幼儿进行引导。

绘本阅读：《衣服山洞，钻出来》《自己穿衣服》《我会穿衣服》《阿立会穿裤子了》

4．家园共育

（1）告知家长班级温度，提示家长给幼儿穿适宜的衣服，可以准备一身睡衣放在幼儿园。

（2）根据幼儿的不同体质与家长协商幼儿衣物的增减。

（3）家园同步，请家长在家中引导幼儿做到与幼儿园穿脱衣服和摆放的要求一致，养成良好的生活习惯。

案例 2　整理床铺小能手

（一）活动背景

教师应培养幼儿具备基本的生活自理能力。幼儿乐于探索，教师应鼓励幼儿大胆发现问题，并提供动手机会，寻找解决办法。每天午睡后，有很多幼儿只有在教师的提醒下才尝试自己整理床铺。对于能够自己整理床铺的幼儿，教师要及时进行鼓励和表扬。

（二）活动案例

午睡结束后，教师和幼儿互相问好后，幼儿陆陆续续起床了。这时，果果站在床边突然喊道："老师，布布没有整理自己的被子就走了。"果果的一句话引起了幼儿的围观。

豆豆："布布怎么没把被子叠好呀？"

六六："她的枕头也没有放好。"

胖胖："布布的床上乱七八糟的。"

教师听着他们的对话，没有立刻干预或者阻止，而是让他们自由讨论。

彤彤："我的被子叠好了，卓卓的被子没有整理。"

熙熙："什么？我去看看我的床上乱不乱。哎呀，我也忘记叠被子了。"

熙熙说完，大家都忍不住笑了起来。

下午在过渡环节时，教师请一些幼儿来分享自己整理床铺或者观察家长和教师整理床铺时获得的经验和方法，并让幼儿一起讨论怎样整理会比较快速和美观。

（三）指导策略

1. 过渡环节

和幼儿一起讨论整理床铺的方法，以及有汗渍的枕头和被单应如何处理等问题。

2. 环境创设

在睡眠室墙面上张贴整理床铺步骤图，引导幼儿观看。

3. 家园共育

请家长作为助教，录制视频，分享整理床铺的好方法。

4. 教师指导

◎ 小朋友们起床后要把自己的床铺整理好，你们都棒棒哒！

◎ 起床后如果发现枕头或者床单湿了，请老师帮助你们晾晒哦。

5. 值日生检查

请当天的值日生帮忙检查谁没有整理床铺，并及时提醒。

案例 3 睡前准备

（一）活动背景

升入中班后，幼儿非常愿意帮助教师做一些事情。有的幼儿提出要帮忙拉床，教师表示可以让他们试一试，并及时鼓励了他们。

（二）活动案例

午饭后，幼儿准备去散步。安安在做完值日后，主动找到教师说要帮忙拉床。教师就询问了其他值日生的意见，他们都很愿意帮忙做睡前准备。于是教师和幼儿一起做睡前准备。

安安："我帮忙拉床吧！"

卓卓："我也来拉床。"

教师："可以。但是你们一定要注意安全，慢一点拉。"

玖宝："我可以帮忙拉窗帘。"

胖胖："老师，我会掀床罩。"

教师："那我们先一起把床罩掀开，接着再拉床。"

有了幼儿的帮助，睡前准备的速度比平时快了不少。

（三）指导策略

1. 过渡环节

和幼儿一起说一说睡前要做哪些准备。

2. 教师指导

◎ 小朋友们，拉床一定要注意安全，一层一层地拉。先拉最下面的床，再拉上面的床。

◎ 孩子们，拉窗帘时，要先把窗帘挂摘下来放到柜子上，再拉窗帘。

案例 4 摆椅子我能行

（一）活动背景

午饭后，幼儿会把小椅子摆到固定位置。由于空间有限，教室地板上贴了两条粗细不同的线作为摆放椅子的标志线，粗线处背靠背摆放两排椅子，细线处摆放一排椅子。

（二）活动案例

刷完牙，幼儿陆续搬起自己的小椅子放到了椅子线上，然后把玩具车推到了固定位置，拿起玩具玩了起来。这时，他们因为摆椅子起了争执。

如意："芭乐，你的椅子怎么放这里了？你应该和小朋友挨着摆放椅子。"

恩恩："芭乐，这里有地方，你和我背靠背坐。"

教师："芭乐，小朋友们提醒你了，椅子应该从靠窗的位置开始摆放。粗线表示背靠背放，细线表示摆放一排。你刚才放的位置是不对的，请你去找合适的位置吧。"

芭乐点点头，搬着椅子放到粗线上，和同伴一起背靠背坐好。

（三）指导策略

1. 过渡环节

和幼儿讨论为什么要把椅子放在椅子线上，如果没有椅子线会有什么状况发生。

2. 环境创设

在教室地板上贴椅子线，引导幼儿将椅子后腿放在线上。

3. 教师指导

◎ 小朋友们要把椅子后腿放在线上哦。

◎ 要按照线的粗细来摆放椅子。相信你们棒棒哒！

三、中班午睡环节劳动教育小妙招

（1）午睡小比拼。在幼儿午睡前和午睡后的穿脱衣服环节，教师请幼儿进行小比拼，在幼儿完成自己的事情后可以与教师击掌。比拼内容包括穿脱衣服的速度、叠衣服和摆放鞋袜的整齐度、午睡前准备活动的完成度、上床的快慢等，以趣味比赛的形式激发幼儿自我服务的动力。

（2）值日生责任制。请当天的值日生协商自己的任务分配，如一位值日生帮助同伴穿脱衣服，一位值日生检查椅子和衣物摆放情况，一位值日生负责拉窗帘，两位值日生拉床推床等，增强幼儿的任务意识和与同伴的协商能力，同时增强幼儿为集体服务的能力。

（3）录制睡前故事。教师可以发起睡前故事录制的活动，鼓励家长积极参与故事录制，促进家园共育。

（4）环境创设奖励制。创设"午睡小达人"墙饰，教师可以记录幼儿一周午睡的情况。根据幼儿午睡时间长短，用 ABCDE 进行评定。教师和幼儿利用过渡环节时间，评选本周班级的"午睡小达人"，内容包括午睡环节的做事速度、衣物摆放、入睡时间、床铺整理等，人数不限，只要达到标准均可当选。"午睡小达人"可以获得相应的奖励。

中班如厕环节劳动教育

陈　曼　　尚佳祺

一、中班如厕环节劳动教育内容及目标要求

劳动教育内容			劳动教育目标要求
自我服务	如厕前	表达需求	◇ 幼儿能够正确说出自己的如厕需求 ◇ 不憋小便和大便，有定时大便的好习惯
		查看厕纸	◇ 养成便前查看厕纸的习惯，在发现厕纸不足时，能够告诉教师或自己进行补充
	如厕中	正确站位	◇ 能够双脚站到正确的位置如厕
		正确脱裤	◇ 按照顺序将裤子脱到合适的位置后再蹲下
		排便位置	◇ 随时关注排便位置，避免排到便池外
		适量用纸	◇ 知道大便和小便的用纸量，有节约用纸的意识
	如厕后	正确擦拭	◇ 掌握小便和大便擦拭的方法
		正确扔纸	◇ 能够将使用过的厕纸正确投放在垃圾桶里
		冲洗便池	◇ 养成便后及时冲厕所的好习惯，并且不浪费水 ◇ 观察尿液的颜色、大便的形状，知道小便黄了要多喝水，大便干了要多吃蔬菜和水果
		整理衣物	◇ 掌握塞衣服的正确步骤，能够正确塞衣服 ◇ 能够自己将裤子提好，夏天能够整理好衣裤，冬天能够自己塞好衣服
		更换衣物	◇ 衣物弄脏时，能够告诉教师 ◇ 能够将湿的或有污物的衣物按照正确的方式脱下

劳动教育内容			劳动教育目标要求
自我服务	如厕后	洗手	◇ 洗手前能够自己挽起袖子或和同伴互相帮助挽袖子 ◇ 能够在教师提醒下正确使用七步洗手法洗手 ◇ 能够在洗手的过程中使用适量的洗手液 ◇ 能够在洗干净手的时候及时关上水龙头 ◇ 洗手后能够使用自己喜欢的方法将手上的水擦干净
为集体服务	如厕前	查看厕纸	◇ 能够提示其他幼儿使用正确的用纸量及对折的方法 ◇ 当没有厕纸时，能够告诉教师或自己补充厕纸
	如厕中	查看站位	◇ 能够提示其他幼儿正确的站位，以免弄脏厕所 ◇ 当发现小便池周围有污渍时，能够告诉教师或自己清洁
	如厕后	查看垃圾	◇ 能够提示其他幼儿将厕纸投放到垃圾桶内 ◇ 当发现垃圾桶满了时，能够告诉教师进行更换
		整理衣物	◇ 秋冬季，能够提示其他幼儿将内衣掖到秋裤与外裤之间 ◇ 当发现同伴遇到困难时，可以给予适当的帮助
为社会服务		懂得节约	◇ 知道纸主要是用木材等植物纤维做成的，愿意爱护花草树木，有节约意识
		保护环境	◇ 在生活中如厕后能够维护公共设施的整洁
		爱护设施	◇ 有初步的爱护公共设施的意识，能够正确使用公共设施

二、中班如厕环节劳动教育案例

案 例 1　我回家大便吧

（一）活动背景

幼儿升入中班后，已经逐渐养成自主如厕的习惯，但仍有些幼儿不愿在幼儿园大便。教师询问原因后得知，主要是因为这些幼儿不能很好地解决大便过程中遇到的问题。为此，教师进行了有针对性的引导。

（二）活动案例

户外游戏后，教师组织幼儿如厕。这时，胖胖在女孩小便池走来走去，显得有些不知所措。教师走过去问道："胖胖小便了吗？"胖胖点着头说道：

"我小完便了。"看着胖胖有些反常，教师继续追问道："有什么不舒服吗？"胖胖捂着肚子说："老师，我肚肚疼。"教师摸了摸，揉了揉，确认她没有胀肚后问道："你要大便吗？"这时她蹲下说："回家大便吧！"教师蹲下身跟她说："现在，小朋友都出去了，我带你去大便，大便出来肚子就不疼了。"胖胖摇摇头说："还是回家吧！"教师给她看看时间说："你看，现在离放学还有很长的时间，我陪着你，你去试一试好吗？"胖胖弯着腰踩在了标记上，脱下裤子后，有些面露难色。教师对胖胖说："把裤子脱到膝盖处，慢慢蹲下来，就可以开始用力啦！"胖胖双手握着把杆，一会儿低头看看，一会儿左右摆摆，终于排便成功。结束后，只见胖胖从纸巾盒中抽出两张纸就开始向后擦去，然后就开始提裤子。教师问道："擦干净了吗？"胖胖没有理会，继续提着裤子，说道："太臭啦！"教师笑笑说："没事的，大便怎么会有香的呢！老师的也是臭臭的，我帮你擦擦吧，如果没擦干净会不舒服的。"教师边擦边问道："在家你怎么大便呢？"胖胖说道："我在小马桶上。"教师追问道："那谁帮你擦屁屁呢？"胖胖说："我妈妈呀！我妈妈就给我擦了。"在教师的引导下胖胖结束了第一次在幼儿园排便。

针对幼儿由于在家没有独立大便的经历，造成在幼儿园不敢大便的现象，教师展开了一系列活动。首先，引导幼儿有事要主动告诉教师，教师会给予帮助，并对主动提出需求的幼儿给予鼓励。然后，利用集体教育活动，讨论如厕时的注意事项，在过渡环节带领幼儿阅读相关绘本故事。同时，注重家园共育，指导家长帮助幼儿在家养成独立大小便的良好习惯。

（三）指导策略

1. 环境创设

（1）营造宽松的如厕氛围，在墙上粘贴如厕步骤图，引导幼儿知道如厕的顺序，并对排便无压力。

（2）整理大小便擦拭的正确方法，使幼儿可以参照练习。

2. 教师指导

◎ ××小朋友真棒，能主动说出自己要去小便，这样我们的身体就不会因为憋尿而感到不舒服啦！

◎ 如果忘了接下来要做什么，可以看看墙面上的步骤图。如果不知道怎么做，那就问问身边的小朋友或者来找老师帮忙吧！

3. 儿歌及绘本引导

我会自己上厕所

小朋友，要牢记。

大小便，随时去。

不要憋，也不要等，

小脚丫，踩标记。

脱下裤裤不乱动，

以免便便跑出去。

大便完，擦干净，

小纸张，对对折，

一次两张不浪费。

提起裤裤，冲厕所，

大便冲走，我最棒！

绘本阅读：《妈妈，我要尿尿》《我会上厕所》

案例 2　**没有纸了怎么办**

（一）活动背景

中班幼儿已经逐渐养成自己的事情自己做的良好习惯，遇到问题时也会积极想办法解决困难，但是还没有形成如厕前观察所需物品用量的习惯。为此，教师寻找机会在班级展开了讨论。

（二）活动案例

这天，幼儿在如厕，突然厕所传来一一的声音："老师！我这里没有纸了！"教师急忙为一一递过一包纸巾。后来在过渡环节，教师引导幼儿就此情况展开了讨论。

教师："如果厕所没有厕纸了，我们应该怎么做呢？"

图图："请老师来帮忙换上。"

皮皮："我们也可以自己换呀。"

熙熙："可我们找不到纸啊，柜子那么高。"

教师："那老师把纸巾放到水池边的架子上，这样就方便我们更换了。"

果果："对，这样我们就能自己够到了。"

教师："我们现在想的都是没有厕纸之后的办法。我们怎么做能预防没有厕纸呢？"

豆豆："上厕所之前先看看，没有厕纸就先去拿！"

兜兜："上完厕所看看还剩下多少，如果快用完了我们可以提前换。"

教师："这些办法都特别好。我们在上厕所之前先去检查一下，上完厕所后再看看还剩下多少，这样就不会出现没有厕纸的问题了，你们真聪明！那小值日生可以怎么做呢？"

七七："值日生可以在小朋友们都上完厕所后，再去检查一下。如果发现没有厕纸了，可以帮忙添上。"

教师："这个方法很不错，那以后检查洗手的小值日生增加一项劳动内容——检查小纸巾。宝贝们真聪明！"

讨论结束后，小值日生就多了一项劳动内容，帮助幼儿解决如厕缺纸的问题。幼儿通过讨论选择解决办法，能调动幼儿参与解决问题的主动性，提高他们自我服务的意识及为集体服务的意识。

（三）指导策略

1. 环境创设

（1）增添置物架，将纸放在幼儿方便取放的固定位置。

（2）修改值日生墙饰，在看护洗手项目里增加添纸内容。

2. 教师指导

◎ 小朋友们，在如厕前看一看厕纸够不够用，如果发现没有了，要告诉老师或自己添加哦，以免用的时候没有纸了！

◎ 小值日生在盥洗环节结束后，检查一下纸巾的用量，记得及时更换哦！

案例 3　我会掖衣服

（一）活动背景

教师应引导 4~5 岁幼儿自己穿脱衣服、鞋袜，会扣纽扣。

（二）活动案例

准备开展户外活动时，教师请幼儿陆续进行盥洗和整理衣物。这时，溪溪从厕所出来后大步走到教室前，占领第一个位置，她想当排头。

教师说："请去过厕所、掖好衣服、涂完护手霜、做好户外准备的小女孩来排队。"溪溪听到要求后，第一个冲到教师面前。教师问道："溪溪，你做好准备了吗？"溪溪不自信地点点头。教师没多说什么，而是请幼儿再次进行检查。溪溪低下头，走回教室重新整理了衣物。

教师："溪溪，你看，我们现在都要重新来一次，这样反而耽误自己的时间。你知道为什么我们要掖好衣服吗？"

溪溪："老师说，小肚脐是妈妈送给我们的礼物，一定要好好保护，不然肚子会疼。"

教师："溪溪记得真清楚，如果小肚脐受风，肚子就会很痛，所以在户外我们要掖好衣服。不用着急，不论排在哪儿老师都能看到你！"

溪溪高兴地点点头，虽然排到了队伍后面，但还是因为照顾好了自己而开心。

（三）指导策略

1. 家园共育

鼓励幼儿在家中也自己掖衣服，并引导家长给予幼儿自己动手的机会，使幼儿树立自信心。

2. 整理提示

请幼儿在盥洗室照镜子并检查完衣服整齐度后再出来，幼儿间可互相提醒。

3. 集体教学

开展"保护小肚脐"教学活动，学习教掖衣服儿歌，引导幼儿学会掖衣服。

案例 4　今天我是值日生

（一）活动背景

教师应培养幼儿具有基本的生活自理能力，要鼓励幼儿做力所能及的事情，对幼儿的尝试与努力给予肯定，不因幼儿做不好或做得慢而包办代替。

（二）活动案例

值日生如意是如厕的提示员，但是在同伴如厕过程中，如意并没有提示，而是和恩恩聊起了天。玖宝走到厕所很着急地开始如厕，不仅没有站到标志点上，就连方向都反了。于是，教师在玖宝如厕结束后，和幼儿展开了谈话。

教师："玖宝，刚才你怎么朝里面上厕所了？是有什么事吗？"

玖宝："哈哈哈，厕所今天没有值日生！"

教师："咦，如意不是值日生吗？"

玖宝看着如意笑了笑，没有说话。

如意："我没看见。"

教师："是，我知道。玖宝就是在考你呢！我们看看那个便池变成什么样子了？"

如意："便池弄脏了。没事，我来擦吧！"

教师："玖宝，你觉得应该怎么办呢？"

玖宝看看教师，就去拿拖把和如意一起清理了。

（三）指导策略

1. 互相提示

教师在组织幼儿如厕前请幼儿相互提醒，站到相应的标志处如厕。

2. 过渡环节

请幼儿说一说如厕时遇到的困难，引导幼儿知道站位很重要。

3. 值日生

提示值日生如果看到厕所脏了可以告诉教师，或自己拿拖把简单擦拭，以免有人滑倒。

4. 教师指导

◎ 小朋友们，如厕时可以提醒没有站到小标志上的小朋友哦。这样，我们的厕所就不容易弄脏啦！如果弄脏了也没关系，小值日生会帮助大家的。如果还是解决不了问题，可以求助老师哦！

三、中班如厕环节劳动教育小妙招

（1）如厕小标兵。制作"如厕小标兵"墙饰，通过幼儿的选举，选出 5 名如厕小标兵，选出的标兵张贴照片。当其他幼儿如厕出现困难时，可以首选请如厕小标兵帮助。

如厕小标兵评分标准：

1）能够自己正确整理衣物，秋冬季能将衣服披整齐。

2）能自主独立完成如厕。

3）如厕时能保持环境整洁。

4）有帮助他人的经历。

（2）奖励机制。对不浪费纸张的幼儿进行表扬，例如在美工区为其制作"节约小达人"奖杯、奖状等，鼓励幼儿在生活中处处做到节约，并激发其他幼儿的节约意识，养成良好的节约习惯。为设计垃圾分类标志或参与社区环境美化的幼儿授予"环境小卫士"称号，鼓励大家一起保护环境。

（3）披裤子大赛。秋冬季开展"披裤子大赛"，激发幼儿披裤子的主动性，知道披裤子可以保护自己不受凉，并愿意在生活中练习披裤子。

中班饮水环节劳动教育

胡　甜

一、中班饮水环节劳动教育内容及目标要求

劳动教育内容			劳动教育目标要求
自我服务	饮水前	洗手	◇ 自觉主动在饭前便后洗手 ◇ 熟练掌握七步洗手法 ◇ 能够主动用正确方法挽袖子 ◇ 洗手后能主动甩手，用正确方法把手擦干净 ◇ 不玩水，有节约用水的意识
		取水杯	◇ 能够在水杯格中找到自己的水杯 ◇ 自己的事情能够自己做 ◇ 正确拿取水杯，躲避身边的同伴
	饮水中	倒水	◇ 能够知道按秩序倒水，理解生活中的规则 ◇ 双手拿好水杯，知道轻拿轻放，懂得基本的饮水礼仪 ◇ 能够根据自己的饮水量倒水，有节约用水的意识
		喝水	◇ 能够常喝白开水，不贪喝饮料 ◇ 了解喝白开水的好处，养成积极饮水的好习惯 ◇ 饮水时，知道安静饮水，能小口饮水，不会被呛到 ◇ 能够根据自己的饮水量自主添水 ◇ 能做到随渴随喝，根据季节气候变化调整饮水量，愿意饮水 ◇ 愿意与他人谈论关于饮水的话题
	饮水后	送水杯	◇ 饮水后主动清理桌面，双手送椅子 ◇ 送餐时双手拿好杯子不掉落
		擦拭桌面、地面	◇ 学会正确擦桌子的方法 ◇ 学会使用简单的清洁工具，清理地面的水 ◇ 饮水后知道收整桌面，养成收拾整理的好习惯

劳动教育内容			劳动教育目标要求
自我服务	饮水后	摆椅子	◇ 知道轻拿轻放小椅子，不发出很大的声音 ◇ 能够使用正确的方法摆椅子，知道椅子腿要贴着桌子腿 ◇ 饮水后知道摆放自己的小椅子，不绊到他人，养成收拾整理的好习惯
为集体服务	饮水前	饮水提示	◇ 能够用礼貌的方式提醒同伴喝水 ◇ 能够使用前、后、中间、旁边等方位词提醒他人排队 ◇ 了解水对人体的重要性，根据季节气候变化适量饮水 ◇ 养成良好的自主饮水习惯，口渴时主动饮水
		接水、端水壶	◇ 能够根据在园幼儿的桌数接水、端水壶 ◇ 探索使用水壶接适量水的方法，能接够一桌幼儿的饮水量 ◇ 将水壶放到桌面中央位置，摆放整齐
		发擦布	◇ 能够将擦布叠整齐摆在桌子中央
		摆椅子	◇ 知道轻拿轻放小椅子，不发出很大的声音 ◇ 能够使用正确的方法摆椅子，知道椅子腿要贴着桌子腿 ◇ 体会为自己服务的教师的辛苦，尊重为自己服务的人
	饮水后	收拾整理 （擦桌子、送擦布）	◇ 能够掌握擦桌子的基本方法，主动收拾桌面并送擦布 ◇ 能与同伴分工合作，共同完成任务 ◇ 饮水后知道将自己的小椅子插回原位，轻拿轻放 ◇ 饮水后知道将水壶送回原位 ◇ 当同伴洒水时能够告诉教师并帮助同伴收拾整理 ◇ 愿意帮助同伴擦水、收拾桌子，关心体贴同伴
为社会服务		为园所服务	◇ 参加幼儿园节约水资源宣传活动 ◇ 参加节水日宣传活动

二、中班饮水环节劳动教育案例

案例 1 取放水杯我能行

（一）活动背景

进入中班后，幼儿在班级的标志从图片变为学号。学期初，大部分幼儿能够记住自己的学号，快速找到自己水杯、毛巾的位置。但通过观察教师发现，有个别幼儿偶尔存在找不到正确位置的情况，瑞瑞就是其中一个。

（二）活动案例

从户外回来，幼儿都去小便、洗手、喝水了。瑞瑞在一旁皱着眉头。

教师："你怎么了，瑞瑞？"

瑞瑞："老师，我忘记我的水杯是哪个了。"

教师："没关系，你还记得你的学号吗？"

瑞瑞："我记得我是 12 号，但是我忘了怎么写的。"

教师："嗯，看来我们瑞瑞学号记得很清楚。那你想一想咱们学的儿歌中 1 和 2 都像什么？我们再找一找哪个格子贴着 12 号吧。"

瑞瑞："我觉得是这个吧。"

说着，瑞瑞将手指指在了 21 号的格子上，然后眼巴巴地看着教师。

教师笑着摸摸他的头，然后问他："12 是 1 在前，还是 2 在前呢？"

瑞瑞："哦，我想起来了，应该是 1 在前 2 在后。"

然后，他弯下腰仔细地找。

教师："你没问题的，加油！"

瑞瑞认真地找到了标有 12 的水杯格。

教师："瑞瑞，其实你是很棒的，以后想不起来的时候可以说说儿歌，回家也要多多练习，认一认、写一写数字。"

（三）指导策略

1. 提问法

通过提问，了解幼儿找不到水杯的原因，从而帮助幼儿想出解决办法，使幼儿能够为自己服务。

2. 儿歌及绘本引导

数字歌

1 像铅笔细又长，2 像鸭子水里游，

3 像耳朵来听话，4 像小旗随风飘，

5 像秤钩称东西，6 像哨子吹口哨，

7 像镰刀割青草，8 像葫芦装东西，

9 像气球空中飘，0 像鸡蛋圆又圆。

案例 2　水量知多少

（一）活动背景

落落因为身体原因，小班时来园时间较少，对于饮水机的使用也并不熟练。因此，每天的接水环节让她很发愁。

（二）活动案例

这天，落落走到饮水机前，拧开了水龙头。眼看水快接满了，她想关上水龙头，可是怎么也关不上，水漫出来了。同伴催促她，她更加局促不安。教师走到她身边帮她关上水龙头。

教师：“落落，我知道你不太会用水龙头，所以每次都很紧张。没关系，我来帮你。”

落落：“我每次都会开，但是不会关，我害怕洒出来。”

教师：“那我们先把水杯放一边，你试试开关水龙头。”

落落轻轻地拧开了水龙头，水哗啦啦地流下来。她因为太紧张了，一直往开的方向拧。教师帮她把水龙头关上。

教师:"别紧张,宝贝,这次我握着你的手,咱们一起关。"

教师握着她的手,一边说,一边拧动水龙头。经过几次练习,教师便鼓励她自己做一做开关的动作。果然,落落能够自己正确地完成了,而且动作很迅速。

教师:"宝贝,你真的太棒了。我知道你害怕浪费水,所以很紧张,但是今天我们学会了,以后就再也不会浪费水了!其他小朋友也别忘了我们的儿歌。"

(三)指导策略

1. 教师指导

用鼓励的话为幼儿建立信心,使得幼儿敢于大胆尝试。

2. 儿歌及绘本引导

用儿歌《节约用水》对幼儿进行引导。

案例 3 多喝水好处多

(一)活动背景

秋冬季,幼儿的出汗量和夏天相比明显减少了。班级内的温度适宜,有的幼儿出现了喝水量减少的问题。因此,班级开展了集体话题讨论活动:你喜欢喝水吗?

(二)活动案例

有一天,教师问幼儿喜不喜欢喝水。幼儿的回答五花八门。有的说喜欢喝水,有的说喜欢喝橙汁,有的说喜欢喝可乐,有的说喜欢喝奶。

教师:"你们为什么喜欢喝果汁、可乐、牛奶?"

幼儿:"因为果汁甜,因为牛奶香,因为可乐有气泡。"

教师:"那你们喜不喜欢喝白开水呢?"

幼儿："白开水没有味儿，白开水不好喝，在幼儿园只能喝白开水。"

教师："其实喝白开水有很多好处，让我们通过短片一起来看一看吧。"

教师播放短片后讲述喝水可以加快身体的代谢，排出不好的物质帮助幼儿成长；可以帮助幼儿润滑肠道，顺利排便；还可以增强抵抗力等。

幼儿："哇！喝水还有这么多好处呢。"

教师："那你们知道什么时候需要喝水吗？我们一起看一看吧。"

教师播放短片后讲述口渴了、吃药时、流汗时、生病时、运动后，都需要喝白开水来补充身体的水分；而吃甜食后或者是喝完奶，也需要喝水来保护牙齿。

教师："看来，白开水在我们的生活中有着不可替代的作用。希望你们以后都能多喝白开水，身体棒棒的。"

（三）指导策略

通过集体讨论，引导幼儿了解喝白开水对身体的益处，以及什么时间应多喝水。将讨论结果制作成饮水墙饰，布置在饮水机旁。幼儿可以在接水、饮水时看到，巩固认知。

案例 4　饮水志愿者

（一）活动背景

有的幼儿为了在各种活动中争第一，在饮水时只接少量水，快速喝完后赶忙去做下一件事情。因此，班级开展了"饮水志愿者"体验活动，帮助幼儿增强对同伴的关爱之情和为集体做事情的意识。

（二）活动案例

幼儿："老师，饮水志愿者需要做什么呢？"

教师："志愿者需要提醒小朋友喝水，对生病的小朋友，我们要提醒他多喝水。你们想想还有什么是志愿者需要做的呢？"

幼儿："我们还可以提醒小朋友排队按顺序接水。还可以提醒小朋友喝多少水接多少水，不把杯子里的水倒回池子里。监督小朋友把水龙头关紧。提醒小朋友回座位喝水，喝水的时候不说笑。"

教师："你们想得太全面了。那咱们把饮水志愿者职责贴在咱们的饮水机下面吧。"

通过一段时间的饮水志愿者活动，幼儿不仅能够主动将饮水机的水龙头关紧，做到正确接水、喝水，还学会了关爱同伴、提醒同伴，也拥有了更强的责任感。

（三）指导策略

中班幼儿能够接受任务并努力完成，开展"饮水志愿者"体验活动，幼儿有机会成为志愿者，培养了幼儿的责任感，同伴之间互相督促，适量饮水。

案例 5 洒水不要慌

（一）活动背景

学龄前的儿童活泼好动，中班的幼儿很愿意表达自己，难免会出现喝水的时候聊天，或者出现其他状况导致洒水的情况。针对这一问题，班级开展绘本阅读活动。

（二）活动案例

教师："孩子们，你们觉得犯错误可怕吗？"

幼儿："犯错误了，老师和爸爸妈妈会说我。犯错了，我会很害怕。"

教师："今天咱们来一起读一本绘本《犯错误没关系》。小朋友们在成长的过程中一定会不断犯错，而且不仅是小朋友，爸爸、妈妈和老师也会犯错误。但是，这都没关系，因为我们只有不断地犯错，不断地改进，才会变得更好。有时候，我发现有小朋友洒水了，但是他没有告诉老师，并且也不让同桌的小朋友告诉老师，你们觉得他这样做对吗？"

幼儿："不对，如果不告诉老师，就要一天都穿着湿衣服，桌子也是湿的。"

教师："是的，小朋友会非常不舒服，而且这也是一种说谎的表现，是不对的。小朋友应该自己主动告诉老师，并且自己收拾自己的桌子。如果你的同桌不小心洒水了，你可以怎么做？"

幼儿："应该先告诉老师，也可以关心他、安慰他，帮他擦擦身上的水或者擦擦桌子。"

教师："虽然小朋友们犯错在所难免，但是水资源是非常珍贵的，我们不能因为自己的粗心，导致浪费了珍贵的水资源。所以，希望每个小朋友今后在喝水的时候都能够认认真真地，不浪费每一滴水。"

（三）指导策略

1. 教师指导

通过讨论，引导幼儿了解洒水带来的不良后果及解决办法，鼓励幼儿洒水后正确处理。同时，指导幼儿正确拿水杯，尽量做到不洒水。让幼儿了解到，犯错并不可怕，重要的是找到原因后改正。

2. 儿歌及绘本引导

绘本阅读：《犯错误没关系》

案例 6　谢谢你，珍贵的水

（一）活动背景

世界上的水资源不是取之不尽、用之不竭的。水是人类赖以生存的物质，珍惜水资源要从每一个人做起。图书区的绘本《世界上最后一滴水》深受幼儿喜爱，因此，班级开展了自主阅读活动"谢谢你，珍贵的水"，了解水的珍贵。

（二）活动案例

教师："你们在绘本里都看到了什么？"

幼儿："我看到了一杯水、一只猫、宝石大树、鹿，还有沙漠、冰山、青蛙、小朋友喝水。"

教师："你们觉得这个绘本可能讲了一件什么事？"

幼儿："我觉得它可能讲的是我们和小动物都需要喝水。""我觉得是讲我们不应该浪费水。""我觉得是讲我们干什么都需要水。"

教师："看来你们都看出来了，这是一本和水有关的书。那你们觉得谁需要水呢？"

幼儿："我们人类需要水，小猫咪、小鹿、小青蛙，还有鱼、小花和小草，还有很多很多东西都需要水。"

教师："那如果没有水，我们的大地会怎么样？小动物、小植物会怎么样？"

幼儿："如果没有水，地就裂了，变干了。小猫、小狗会渴死，我们也会渴死，花花草草都蔫儿了。"

教师："是的，你们说得都很对。没有了水，万物都无法生存。所以，水是非常珍贵的。孩子们，你们尝过海水的味道吗？"

幼儿："我去过三亚，海水是咸的，特别咸。"

教师："那你觉得我们生活中的水咸吗？不咸吧。因为我们喝的都是淡水、饮用水。另外，咸的水经过一系列加工也可以变成淡水。所以，不仅是大自然中的水珍贵，经过加工能用在我们生活中的水更加珍贵！请你们想一想，在幼儿园，我们应怎样节约用水？"

幼儿："我们可以在洗手打泡沫的时候把水龙头关上。""可以接水喝的时候喝完不浪费。""冲厕所的时候由最后一个小朋友冲一次。""可以端住杯子不洒水。""可以画画呼吁大家节约用水。"

教师："咱们班的小朋友真棒，想出了各种各样节约用水的好方法。教师希望在以后的生活中能够看到大家节约用水。"

（三）指导策略

1. 环境创设

幼儿绘制节水标志，贴在水龙头边，提示大家要节约用水。

2. 教师指导

通过师幼共同讨论，总结节约用水的好方法。

3. 儿歌及绘本引导

绘本阅读:《谢谢你，珍贵的水!》《世界上最后一滴水》

三、中班饮水环节劳动教育小妙招

（1）利用环境创设法，鼓励幼儿有序排队接水，按量饮水。

（2）用数字学号的方法标记幼儿的小格子，符合中班幼儿的年龄特点。

（3）当幼儿遇到洒水的情况时，鼓励幼儿自己的事情尽量自己做，自己收拾。教师态度平和，帮助幼儿获得新经验。

（4）经常组织多种形式的集体活动，培养幼儿的集体责任感，从而愿意成为饮水志愿者为集体做事情。

中班离园环节劳动教育

杜　艾

一、中班离园环节劳动教育内容及目标要求

劳动教育内容		劳动教育目标要求
自我服务	漱口	◇ 能够使用正确的方法自主漱口 ◇ 知道漱口时弯腰低头，不将水吐到水池外
	清洁手部和脸部	◇ 能够主动清洁手部和脸部 ◇ 能够按照墙饰提示使用七步洗手法洗手 ◇ 能够使用正确的方法清洁脸部并擦干
	收水杯和毛巾	◇ 将水杯、毛巾放到指定位置，养成离园整理习惯 ◇ 收放水杯和毛巾时能够轻拿轻放
	涂护手霜	◇ 能够使用正确的方法自主涂护手霜，并能够涂抹均匀
	披裤子	◇ 能够在教师提醒下将自己的衣裤整理整齐 ◇ 能够使用正确的方法披裤子 ◇ 为自己能够独立完成穿衣服而感到高兴，愿意自己的事情自己做
	整理衣服	◇ 能够使用正确的方法穿外套 ◇ 穿外套遇到困难时，能够和同伴互相帮忙 ◇ 能够使用正确的方法拉拉链、系扣子
为集体服务	摆放班级图书和玩具	◇ 能够整理自己的物品，收拾图书柜、玩具架 ◇ 能够将图书和玩具放到对应的正确位置 ◇ 愿意为班级服务并感到自豪和快乐
	晾晒毛巾	◇ 能够使用正确的方法晾晒毛巾
	管理员	◇ 能够与同伴友好相处，并愿意帮助他人 ◇ 会用礼貌的方式向同伴表达想法 ◇ 能够简单地评价自己和他人的行为

续表

劳动教育内容		劳动教育目标要求
为社会服务	垃圾分类	◇ 能够对班级中的垃圾进行正确分类 ◇ 知道环境整洁的重要性,并愿意维护班级卫生
	维护楼道环境	◇ 愿意维护幼儿园的楼道环境 ◇ 能够将发现的垃圾捡起并扔到垃圾桶 ◇ 主动保护楼道环境,不乱扔垃圾
	感谢服务的人	◇ 能够向为自己服务的教师说再见并表达感谢

二、中班离园环节劳动教育案例

案例 1 小小管理员

(一) 活动背景

幼儿升入中班后,同伴间的合作意识逐渐增强。班级中时不时会出现同伴之间意见不一致,以及想要管着其他小朋友的情况。根据幼儿的年龄特点,教师在班级开展"小小管理员"活动。

(二) 活动案例

离园前的时间,教师正忙着收拾幼儿吃饭的餐具和锅碗等用具,已经吃完的幼儿自主洗手和整理衣服。突然听到一声大喊:"你怎么没掖裤子、没涂护手霜就去看书了!"听到这声喊叫后,教师急忙走到幼儿身边,又听到:"你这样不对!你怎么什么都记不住!""我不是故意忘记的,现在去涂护手霜不就行了。""哼!反正你不对!""你也管不着我!"听了两个幼儿的对话,教师及时帮助他们解决了问题。等所有幼儿都吃完饭后,教师提出了一个问题:"我们班的小朋友特别棒,都能够自己掖裤子、涂护手霜。如果你发现身边的好朋友忘记做这些事情了,你会怎么做呢?"

幼儿:"我会提醒他。""他可能是自己弄不好了,我会帮助他。"

教师:"那么你会怎么提醒他呢?"

教师通过引导式的问题让幼儿明白，在提醒同伴时要使用礼貌用语，学会与同伴友好地交流，比如使用"请""遇到什么困难""需不需要帮助"等语言。随后，教师又抛出了一个问题："小朋友们可以和老师一起帮助我们班级的其他人，那么我们能做些什么呢?"

幼儿："我可以自己涂完护手霜后提醒班里其他小朋友不要忘记。""我可以教不会掖裤子的小朋友好方法。""晚上放学排队时，我可以帮忙喊队。"

听着幼儿七嘴八舌地讨论，教师对幼儿说起班级准备开展"小小管理员"活动。随后，教师又和幼儿讨论怎样选出小小管理员。经过交流，大家最后一致决定每天的值日生可以承担"小小管理员"的任务，在离园环节和教师一起帮助班级的同伴。教师还会拍摄小小管理员照片，并制作成照片集发送到班级群中，鼓励幼儿互帮互助。

（三）指导策略

1. 环境创设

展示班级幼儿做"小小管理员"的照片。

2. 教师指导

◎ 看看我们的管理员多么热心地帮助班级的小朋友。

◎ 管理员的本领大，会说礼貌用语，你最棒。

3. 儿歌及绘本引导

绘本阅读：《我要做榜样》《交朋友的方法》《有魔力的话》

案例 2 摆放班级图书和玩具

（一）活动背景

幼儿升入中班后，身心各方面都变得更强，会的东西更多，对于身边事物的探索欲望也更加强烈。为了保障幼儿的身体健康，每天在离园前，教师都要将书本和玩具从柜子中拿出，展开摆放好，待幼儿离园后进行消毒。教师在拿取和摆放图书、玩具的时候，幼儿纷纷说："老师，老师，我来帮你吧。""您为什么要把图书和玩具都拿出来呢?""这些书和玩具很轻的,我们也能搬动!"听着幼儿这样说,教师忽然意识到,他们已经长大了,愿意为集体服务也是幼儿应具备的重要素质,于是,教师利用幼儿的兴趣引导幼儿学会为集体服务。

(二)活动案例

教师为幼儿讲述为了他们的健康,每天教师都会用紫外线对教室进行消毒,因为图书和玩具在柜子里照不到紫外线,所以每天都把它们需要搬出来。教师引导幼儿对此进行讨论。

教师问道:"我们的玩具和图书每天都要用紫外线照射消毒,玩具和图书放在哪里才能够被照到呢?如果放在柜子里,能不能被照到?"听到了教师的问题,幼儿纷纷开动脑筋。"把图书都拿出来放在一个桌子上怎么样?"随即有幼儿说道:"不行,不行,书太多了,放在一个桌子上还是会有被挡住的地方,这样不行的。""那我们就把书分开放,放在几个桌子上就好啦。"

教师又问道:"那我们的玩具要怎么办呢?桌子都放满了书,玩具就没地方放了。""对呀,玩具也有很多呢,桌子上已经没有地方了。""我想到啦!可以放在我们坐的椅子上,我们每天排队的时候一人拿一筐玩具放在自己坐的椅子上就好啦。"经过讨论,教师和幼儿商定了图书和玩具的摆放位置,并在离园排队前,引导幼儿将图书和玩具分别放在指定地点,摆放整齐。教师对幼儿提出口头表扬,并将幼儿的劳动成果拍照发给家长,鼓励幼儿为班级服务的行为,激发幼儿的自豪感和满足感。

(三)指导策略

1. 环境创设

创设"收放玩具和摆放图书"墙饰。

2. 教师指导

◎ 谁是我们班的整理小能手呀?书本摆放得这么整齐,真是太厉害了。

◎ 咱们班是因为小朋友和老师共同的努力才能这么整齐!

◎ 爸爸妈妈知道你们这么能干,一定很为你们骄傲。

3. 儿歌及绘本引导

绘本阅读:《我的事情,我来做》《团结合作真快乐》

案例 3 垃圾分类

(一)活动背景

培养幼儿垃圾分类的意识和习惯非常重要。教师应在一日生活中,通过多种多样的方法引导幼儿了解垃圾分类的重要性。

(二)活动案例

幼儿吃完晚饭后坐在地垫上高兴地玩着游戏。教师打开垃圾桶,看到不同种类的垃圾都扔在同一个垃圾桶里了。教师意识到幼儿没有进行垃圾分类,随即拍下了垃圾桶照片,放到了班级的大屏幕上,组织幼儿观察垃圾桶中的垃圾。

教师:"小朋友们看一看,垃圾桶里都有什么垃圾?"

幼儿:"有加餐的面包袋。""还有我们的擦嘴纸。""还有水果的皮!"

教师:"我们幼儿园的垃圾桶有几个呢?"

幼儿:"有两个!一个灰色的,一个蓝色的。""还有一个放在盥洗室。"

教师:"既然有好几个垃圾桶,那么我们的垃圾应该怎么放呢?"

随着教师提出引导性问题,幼儿开始思考垃圾应该怎样扔。第二天,教师利用集体活动环节为幼儿讲解了垃圾应该怎么样分类;并通过保护环境相关的绘本,激发幼儿自主自发地进行垃圾分类,让幼儿愿意并且积极主动地保护环境。班级中同步布置了垃圾分类的墙饰,可以提示幼儿做好垃圾分类。班级评选"垃圾分类小标兵",并进行奖励和表扬,更加激发了幼儿对垃圾分类的兴趣。

(三)指导策略

1. 环境创设

创设"垃圾分类"和"我是垃圾分类小标兵"墙饰。

2. 教师指导

◎ 垃圾分类我最强，干净整洁我的家。

◎ 咱们班的小朋友都是清洁小卫士呢。

◎ 爸爸妈妈看了你们垃圾分类的照片，都会为你们竖大拇指呢。

3. 儿歌及绘本引导

垃圾分类

小小垃圾种类多，分类投放靠你我。

蓝绿红灰四个桶，认真分清不能错。

可回收桶像蓝天，塑料纸张放里边。

厨余桶色像小草，饭菜果蔬投放好。

有害桶色像红灯，电池药品放其中。

其他垃圾不能忘，灰色大桶里边放。

手势舞：《垃圾分类歌》

绘本阅读：《我把垃圾宝贝送回家》《辛苦了，垃圾车》《垃圾去哪了》

案例 4 维护楼道环境

（一）活动背景

随着幼儿逐渐长大，他们不再是以自我为中心，而是逐渐开始懂得为他人考虑，也能够开始体会到帮助他人以及为集体和社会服务的快乐。教师应及时抓住幼儿的发展关键期，让幼儿了解到生活中不只有自己，身边的他人、所处的环境，以及我们生活的城市乃至国家，都能够因为我们小小的付出而变得更好。

（二）活动案例

离园的时间到了，幼儿排着队走出教室，刚一出门，就有眼尖的幼儿发现楼道的地上静静地"躺着"许多纸，随即说道："老师，地上有好多纸啊。""牛牛，你脚底下还有纸呢，都给踩啦！"教师仔细一看，发现是墙上展示的纸掉了下来于是说道："地上有很多纸，我们应该怎么办呢？直接绕过去吗？"幼儿说道："我们应该捡起来。""对，捡起来楼道就干净了。"教师紧接着问："为什么不能直接绕过去呢？""直接绕过去不管的话，楼道不就越来越脏了嘛。""我们每天来幼儿园上课、做游戏，幼儿园的地上如果有脏东西，我们可以帮忙捡！""而且我每天都看见有老师在拖地、扫地呢，我们也可以帮忙。"教师听后对着他们竖起了大拇指，随后问道："捡起来以后呢？我们应该怎么做？""扔到垃圾桶里去！""不行，这万一是别人丢的纸呢。""我们可以请老师帮忙看看是不是有用的纸。"教师请大家将纸捡起来暂时交给她。第二天集体活动时间，教师和幼儿继续讨论这个问题，并且达成了一致意见，大家认为如果地上是使用过的卫生纸、沾染了脏东西的纸或者皱巴巴的纸，就是没有用的，可以直接扔掉。如果是平整、干净的纸或者上面还有字的纸就不扔，交给教师处理。这次事件之后，越来越多的幼儿加入了幼儿园"楼道整洁保卫队"。当幼儿发现垃圾后能够主动捡起并丢入垃圾桶时，教师会对其进行大力表扬和奖励，鼓励其他幼儿效仿，并将幼儿的行为分享给家长，家园合作，深入树立幼儿爱护公共环境的意识。

（三）指导策略

1. 环境创设

创设"校园清洁小能手"和"我为清洁卫士点个赞"墙饰。

2. 教师指导

◎ 帮助他人你最棒，幼儿园干净整洁靠大家。

◎ 幼儿园的清洁老师都夸咱们班小朋友真厉害，是校园的清洁小卫士呢。

3. 儿歌及绘本引导

保护环境	幼儿园是我家
蓝色一片天，绿色在身边。	幼儿园是我的家，我们爱护它。
看见小垃圾，伸手又弯腰。	小小垃圾不乱扔，随手捡起丢掉它。
捡起小垃圾，扔进垃圾箱。	人人都做爱心娃，保护美丽的家。
环保很重要，大家要记牢。	

绘本阅读：《垃圾不是用来乱丢的》《环境小卫士》

三、中班离园环节劳动教育小妙招

（1）教师引导。在离园前的时间，教师可以和幼儿进行谈话，将幼儿一天中进行的各种劳动，包括自我服务以及为他人服务、参加集体劳动的事情讲述一遍，在讲述的过程中不断表扬、鼓励幼儿的行为，在不知不觉中强化幼儿好的行为，帮助幼儿养成良好的劳动习惯，让幼儿带着被表扬的好心情回家。

（2）幼儿分享。在谈话活动的时候，请幼儿说一说，一天里帮助班级做了什么事情，帮助同伴做了什么事情，帮助幼儿园做了什么事情。在幼儿讲述的时候，教师给予肯定，能够帮助幼儿强化好的行为习惯，还能引导其他幼儿效仿好的行为。

（3）环境激励。制作"我是劳动小明星"墙饰，实行奖励机制。在幼儿为班级或幼儿园的生活环境做出贡献后，教师进行积分奖励，评选出每周的劳动明星。

（4）家园合作。教师和家长进行沟通，在穿衣、拉拉链、系扣子方面，请家长在家中协助幼儿进行练习，并将幼儿在家中穿衣、拉拉链的好方法通过录视频的方式进行分享，不仅可以大大提升幼儿的自信心和对穿衣服、拉拉链的积极性，还能够经验共享，帮助幼儿了解更多、更好的方法。

大　班

劳 动 教 育

大班入园环节劳动教育

李佳姗

一、大班入园环节劳动教育内容及目标要求

劳动教育内容		劳动教育目标要求
自我服务	插晨检牌	◇ 能够将晨检牌插到自己对应的序号和名字处
	整理物品	◇ 能够观察衣帽柜旁是否有人，安全关开衣帽柜，主动随手关门 ◇ 主动按照类别整理好个人物品，养成自己的事情自己做的良好习惯
	整理衣服	◇ 用衣架撑好衣服，并把衣服挂在相应的序号上 ◇ 看到其他人的衣服掉下来，能够帮忙挂好
	签到	◇ 主动用正确的握笔姿势签到，坐姿端正 ◇ 会正确书写自己的名字
	洗手	◇ 熟练掌握七步洗手法 ◇ 能够主动用正确的方法挽袖子 ◇ 洗手后能够用正确的方法把手擦干净 ◇ 不玩水，有节约用水的意识
	拿毛巾和水杯	◇ 能够在洗手后主动拿毛巾和水杯，并放到贴有自己序号的格子里
	漱口	◇ 主动用正确的方法漱口
为集体服务	收玩具	◇ 主动将玩具按照标志送回家
	照顾自然角	◇ 根据动植物的生长需要制订计划，主动照看植物和小动物 ◇ 感知发现植物和动物的生长变化，并进行记录
	摆放图书	◇ 主动按照图书分类标志进行分类整理

续表

劳动教育内容		劳动教育目标要求
为集体服务	晨间劳动	◇ 主动参与晨间劳动，体验整理的乐趣 ◇ 能够正确使用简单的劳动工具，擦拭玩具柜、鞋柜时能够按照从里到外、从上到下的顺序擦拭 ◇ 能够制订晨间劳动计划，通过小组合作的形式完成晨间劳动 ◇ 能够用适当的方式表达自己参与劳动的情感和需要
	天气预报	◇ 能够按照计划表，提前了解天气情况，为同伴播报天气，做出增减衣物的提示 ◇ 能够用自己喜欢的绘画方式记录天气情况，并做好天气情况统计
	新闻播报	◇ 能够将前一天自己的所见所闻用喜欢的形式进行记录 ◇ 能够有序、连贯、清楚地讲述自己的所见所闻
为社会服务	礼仪小标兵	◇ 能够根据礼仪小标兵计划表佩戴标兵标志 ◇ 能够用自己喜欢的方式主动与教师和同伴打招呼，养成使用礼貌用语的习惯 ◇ 指导同伴用正确的方法挂衣服、签到
	向为自己服务的人问好	◇ 主动用礼貌用语向晨检教师及为自己服务的人问好，对别人的帮助表示感谢
	爱护公共环境	◇ 能够主动爱护公共设施，维护环境卫生

二、大班入园环节劳动教育案例

案例 1　名字对对碰

（一）活动背景

幼儿园一日活动从晨检开始，保健医会在每个幼儿晨检后发放一张晨检卡。幼儿来到教室的第一件事就是将晨检卡放到与自己的名字和序号相对应的口袋里。

（二）活动案例

一天，航航来得稍微晚了一点儿，他刚到教室门口就着急地放书包、脱衣服。教师看他还没插晨检卡就提醒他："航航，你的晨检卡呢？晨检袋里没有你的卡呀。"他刚把外套挂好，听到教师说话，赶紧就去口袋里翻找，找了半天也没有找到，然后对教师说："老师，我的名字怎么不见了？我看了所有的名字，都不是我的啊。"教师走过去看了看，发现确实没有他的名字，可能是粘得不牢固掉了，就对他说："等会儿老师去给你重新贴一下，你先根据序号插卡吧。"航航想了半天，跟教师说："老师，我有点儿记不清自己的序号了，您帮我找吧。"教师为了让他记住自己的序号，就跟他说："你去班里的墙上看看吧。"他去看了之后就找到了自己的序号，然后跟教师说："老师，我这次可记住啦，您记得帮我贴名字啊。"

（三）指导策略

1. 环境创设

制作晨检袋，挂在班级门口，方便幼儿来园后直接插卡。标明每个幼儿的姓名和序号，引导幼儿认识自己的序号和在晨检袋中的位置。

2. 教师指导

◎ 小朋友，要记得来园后的第一件事就是把自己的晨检卡按照自己的名字和序号插好哦。

案例 2　整理自己的物品

（一）活动背景

晨间来园整理是幼儿来园后很重要的一个生活环节。从小培养幼儿养成整理的好习惯，能增强他们的责任感、独立性和自信心，培养做事认真、有始有终的良好习惯。为了让幼儿更好地意识到养成好习惯的重要性，教师通过树立榜样的方式引导幼儿。

（二）活动案例

早上，辰辰早早地来到了幼儿园，摘下书包、围巾和帽子就往柜子里塞。教师走过去跟辰辰说："辰辰，围巾和帽子要叠好放到柜子里。柜子乱乱的，一点儿也不整齐，对不对？"辰辰看了看自己的柜子，对教师说："我觉得挺整齐的，我还着急去和小朋友玩玩具呢！"说完就跑了。教师没有叫住辰辰，而是在户外活动前跟着他一起来到柜子前。辰辰出来晚了点儿，所以非常着急，他打开柜子想去拿自己的马甲。可是，一开柜子，围巾、帽子、书包和他带来的图书都往外掉。他愣了一下，不知道该怎么办，跟教师说："老师，我的柜子放不下东西了。"教师把地上的东西捡起来放到叠衣桌上，对他说："别着急，咱们试着把你的东西整理一下再放进去，看看能不能放得下，好吗？"他点点头。教师和辰辰开始一件一件地往柜子里放东西，先放大件的书包，再把帽子和围巾都叠整齐放进去，最后把书竖着贴边放。柜子里变得整齐又宽敞。教师对辰辰说："你看，咱们整理好的柜子是不是能放下好多东西了呀？"辰辰点点头说："那以后我也要叠整齐再放进去。"

（三）指导策略

1. 环境创设

创设"我的柜子真整齐"墙饰，展示书包的整理方法、帽子和围巾的折叠收纳方法及怎样正确摆放，引导幼儿根据墙饰按照类别整理收纳好自己的物品。

2. 教师指导

◎ 小朋友们，我们按照示范图来一起整理一下小柜子吧，记得要分类摆放哦，这样我们再从柜子里拿东西就会很方便啦。

◎ 小朋友们，开柜门和关柜门之前，要看看周围有没有小朋友哦，注意不要磕碰到别人。

3. 儿歌及绘本引导

整理柜子

小朋友要知道，

整理柜子很重要，

先清除，再整理，

要分类，会保持，

每天坚持我可以！

绘本阅读：《全都收拾好》《整理房间，我可以！》

案例 3 我来签到

（一）活动背景

升入大班后，幼儿来园后要开始签到了。教师在教室门口设立了签到台，幼儿每天早上来园后，会在签到台上签下自己的名字。

（二）活动案例

一天，嫣嫣来得很早，是第一个签到的幼儿。她先坐到了椅子上，然后拿笔，可是椅子离桌子太远了，她只坐在了椅子的前三分之一处，在写字的时候椅子很容易翘起来。教师在她旁边提醒："嫣嫣，椅子往前一点，不然会摔跤的。"她马上就往前挪了挪椅子，然后继续签到。可是，她又改变了姿势，将左手伸直放在桌子上，然后头靠在上面，整个人趴在了桌子上。教师继续提醒她："嫣嫣，看你现在的姿势，写字也不方便啊，名字都写歪了。"嫣嫣回答："老师，我这样写字不累，我坐直累。"教师对她说："如果你以后一直这样写字看书的话，你的脊椎就会越来越弯，整个人都是歪的了，而且视力也会变差的，到时候眼睛会看不清东西了。"她听教师这么说，赶紧坐直了身体，用正确的姿势签到。

（三）指导策略

1. 环境创设

在签到台设计"签到约定"牌子，写上和幼儿的来园约定、签到时的坐姿和握笔姿势等，引导幼儿按照正确的坐姿和握笔姿势进行签到。写字时，注意幼儿的笔画顺序，提示幼儿根据签到本的笔顺标注来写。

2. 教师指导

◎ 小朋友们要保持正确的坐姿哦，手离笔尖一寸距离、眼睛离纸一尺距离、身体离桌子一拳距离，这样写出来的字才会又好看又快。

◎ 小朋友们，要注意你们名字的笔画顺序。如果不记得了，可以看一看签到本的最上面，老师给你们标注了每个字的笔画，要按照顺序来书写哦。

3. 儿歌及绘本引导

写字歌

大拇哥，二拇弟，

手离笔尖一寸握，

两人一起来捏笔，

眼睛离纸要一尺，

老四老五不落后，

身体离桌一拳头，

中指后面顶住笔，

写出字来快又好。

案例 4 照顾自然角

（一）活动背景

幼儿对如何照顾植物已经非常熟悉了，但是对班里新养的乌龟还不太了解。通过沟通交流和教师的引导，幼儿对如何照顾乌龟有了新的认识。

（二）活动案例

早晨来园后，萱萱、婷婷和林林就来到了班级的自然角。萱萱拿着水壶去盥洗室接水，婷婷和林林则拿起小铲子给植物松土。萱萱接好水，来到自然角，先给植物的根部喷水，又给植物的叶子喷了些水。三个人忙得不亦乐乎。然后他们又来到种植区，婷婷拿了一把小铲子铲大的杂草，萱萱和林林用手拔小点儿的杂草，大家分工合作，很快就把杂草清理干净了。但是，他们在喂乌龟上却犯了难。

萱萱："咱们今天应该喂乌龟了，因为昨天没有喂。"

林林："不对，不对，昨天喂了，我来得早，我看到航航喂了。"

婷婷："航航不是昨天喂的乌龟，他是前天喂的。"

教师："咱们只知道小乌龟是隔一天喂一次，但是不知道谁在什么时间喂了乌龟。"

婷婷："那咱们记下来就好了！"

林林："对，咱们都写下来，这样就能知道小乌龟该什么时候喂了。老师，您能帮我们准备一个本子吗？"

教师："没问题，我会把本子挂在自然角的。"

（三）指导策略

1. 环境创设

（1）创设"我会照顾植物"墙饰，画出植物浇水的时间和除草方法，引导幼儿根据表格内容照顾植物。准备小铲子、浇水壶等材料。

（2）创设"照顾小乌龟"表格。标出每周喂食、换水的时间。准备好龟粮等材料。

2. 教师指导

引导幼儿把喜光的植物放到阳光充足的地方。

◎ 小朋友们注意，看哪些植物需要浇水，哪些植物不需要哦。有些植物不喜欢喝水，我们就要少浇一些。

案例 5 晨间劳动

（一）活动背景

每天来园后，早到的幼儿会选择晨间劳动，他们拿起抹布，撸起袖子，有的擦玩具柜，有的摆放玩具……把班级收拾得干干净净。幼儿学会简单的劳动技能，能够体验劳动的辛苦和快乐。

（二）活动案例

班级开展了"我爱劳动"的活动。来园后，幼儿可以选择不同的工作。一天，彤彤来得特别早，一进班就高兴地跟教师说："老师，我今天想擦玩具柜。我昨天在家都帮妈妈擦书柜了。"然后她就拿着小抹布去干了。她拿起抹布对折再对折，又把玩具筐搬出来，在柜子里来回地擦。教师看她擦的方式不太对，就告诉她，擦柜子要顺着一个方向擦，如果来回擦的话，脏东西会被擦得到处都是。她听了教师的建议，开始顺着一个方向往里擦，脏东西又都擦到里面去了。教师拿着抹布边说边给她演示："彤彤你看，老师拿着小抹布是从里往外擦的，这样柜子里面的毛毛和一些灰尘才能被小抹布带出来。你刚刚是从外往里擦，这样脏东西都被擦到柜子里面了。"她看教师擦了一遍之后知道了方法，干活更认真了。

（三）指导策略

1. 环境创设

创设"我爱劳动"墙饰，画出幼儿来园后可选择的劳动内容。在需要擦的柜子上放置一块抹布，提示幼儿这个柜子需要擦拭。

2. 教师指导

◎ 小朋友们可以看看，哪些地方有小抹布，就是哪里需要打扫哦。

◎ 来园早的小朋友可以看看自己今天想做什么劳动，让我们一起把班级变干净吧！

3. 儿歌及绘本引导

小抹布

小抹布，四方方，

擦桌椅，不怕脏。

桌椅擦得真干净，

老师夸我爱劳动。

绘本阅读：《扫除大作战》

案例 6　新闻播报

（一）活动背景

班级开展了新闻播报活动，每天请幼儿讲述新闻。但是有的幼儿不理解新闻的意思，也有很多幼儿找到了新闻不会说、不敢说。

（二）活动案例

这天的新闻播报员是熹熹，但是等她站到大家前面的时候，一直想不起来要说的新闻。教师和同伴鼓励她忘记了也没关系，有什么最近发生的开心事和趣事也可以和大家分享。下午，班级开展了一次谈话活动，教师问幼儿什么是新闻。

欣欣："新闻就是发生的一些事情。"

果果："新闻就是有的地方有洪水。"

潼潼："新闻就是前些天发生的事情。"

放放："奥运会申办成功是新闻。"

小小："新闻就是哪里又发生了地震。"

教师："新闻就是最近发生的、正在发生的，对我们的生活、想法产生影响的事情。如果咱们在播报新闻的时候忘词了，怎么办呢？"

潼潼："把找到的新闻画下来，看着播报。"

文文："我认识字，我可以把找到的新闻写下来，读新闻。"

糖豆："可以选择我们身边发生的事情当作新闻，这样就容易记住了。"

教师在班级里布置了"新闻播报"墙饰，把已经播报过的手抄报和画都夹在了墙上。

（三）指导策略

1. 环境创设

创设"新闻播报"墙饰，引导新闻播报员播报新闻，播报过的新闻纸就夹在墙上。

2. 教师指导

◎ 请新闻播报员用洪亮的声音来为小朋友们播报新闻。

◎ 别忘了展示一下你的画哦。

3. 过渡环节

引导幼儿播报新闻时声音洪亮，语句连贯通顺。

案例 7 礼仪小标兵

（一）活动背景

班级开展了"礼仪小标兵"活动。早上，请两位幼儿戴上小标兵的标志站在班级门口，向教师和同伴问好，同时提醒来园的同伴做好自己的事情。

（二）活动案例

来园时，果果看到瑶瑶在当礼仪小标兵，就和旁边的放放说："今天又是瑶瑶当小标兵，我也想当。"放放回答他："那你去跟老师说呀。"果果走到教师面前说："老师，今天怎么又是瑶瑶当小标兵呀？"教师回答他："因为今天的小标兵到现在还没有来园呢，而且瑶瑶是最早来园的，老师就请她帮没来的小朋友站了一会儿岗。"下午集体活动的时候，教师问道："小朋友们，如果你是明天的礼仪小标兵，你需要怎么做呢？"

小小："需要来得早一些，来得晚就当不上了。"

乐乐："看到老师和小朋友要打招呼，声音要洪亮。"

豆豆："要提醒小朋友不要跑，先脱外套，然后签到。"

教师拿出了名单对幼儿说："小朋友们说得都很对，这是咱班小朋友的名单，明天起咱们就从 1 号小朋友开始当小标兵，每天两位小朋友，老师会提前一天提醒你要早来的。我把名单贴在班里，你们可以去看看自己是第几号。"

（三）指导策略

1. 环境创设

教师排好每日的礼仪小标兵名单，贴在班级门口。幼儿来园后戴好"礼仪小标兵"标志，站在指定位置。

2. 教师指导

◎ 请礼仪小标兵站到指定的位置，提示来园的小朋友挂衣服、放书包、签到，提示聊天的小朋友要先完成每日的来园小任务哦。

◎ 礼仪小标兵要向路过班级门口的老师和小朋友问好哦。

案例 8 爱护公共环境

（一）活动背景

保护环境是为了防止自然环境受到污染和破坏，人类对受到污染和破坏的环境要做好相应的治理，我们要做到与自然和谐相处。

（二）活动案例

户外活动的时候，有两组幼儿在练习拍篮球，还有两组幼儿在走独木桥。突然，有有跑到了教师面前说："老师，他们不听我的话，我叫他们不要踩小草，可他们偏要踩，那边的小草都被踩得倒下来了。"教师沿着她说的方向看过去，原来是笑笑和豆豆在踢球。教师走过去和他们说："你们可以去操场上踢球吗？你们在这里踢的话会踩到小草。"他们说："老师，我们在草坪上守门呢，我怕摔跤，我看电视上的运动员就是在草坪上守门的。"教师说："那你们能想个两全其美的办法吗？"笑笑说："老师，您能帮我们拿个垫子吗？那样的话，我们就不怕摔跤了。"教师回答："可以啊，我们一起去拿吧。"

（三）指导策略

1. 教师指导

◎ 不可以踩到小草哦，我们要爱护环境。

◎ 不要乱扔垃圾，很多东西是可以回收的，比如不用的纸盒，可以带来幼儿园变废为宝呢。

2. 儿歌及绘本引导

爱护花草

花儿美，草儿笑，

你我看了齐欢笑。

不摘花，不踏草，

环境才能更美好。

绘本阅读：《"挑食"的垃圾桶》《不要随便扔垃圾》

三、大班入园环节劳动教育小妙招

（1）在提升幼儿劳动意识的同时，创造机会，引导幼儿参与幼儿园的简单劳动。培养幼儿服务他人的意识，体验与同伴合作劳动的快乐和满足感。

（2）适时组织幼儿开展的劳动分享活动，加强幼儿劳动情感的培养和劳动意识的提升。

（3）通过制作标志符号，让幼儿学习科学分类和摆放物品。认识简单的劳动工具，并在教师指导下完成浇水、松土、采摘，为小动物喂食、换水等，理解劳动与动植物生长之间的关系。

（4）教师要密切关注幼儿劳动环境和氛围的创设，提供安全、卫生、种类丰富、层次多样的劳动小工具，激发幼儿参与环境整理的兴趣。

（5）将材料分类摆放在高度适宜的固定位置，便于幼儿独立取放。

（6）对幼儿的劳动要提出明确的要求、分工和任务量。

（7）引导幼儿逐步从自我服务向为他人服务过渡，关注幼儿的劳动责任感和积极性，促进幼儿自我价值感的实现。

大班盥洗环节劳动教育

王　昱

一、大班盥洗环节劳动教育内容及目标要求

劳动教育内容		劳动教育目标要求
自我服务	洗手	◇ 洗手前能够主动挽袖子，知道衣服湿了会着凉 ◇ 能够在饭前便后主动洗手，正确使用七步洗手法 ◇ 能够在挤压洗手液时关上水龙头，有节约用水的意识 ◇ 能够主动取放毛巾，把手擦干净
	刷牙	◇ 知道刷牙的好处，养成早晚刷牙的好习惯 ◇ 掌握正确的刷牙方法，培养良好的卫生习惯 ◇ 知道挤牙膏的量，不浪费牙膏 ◇ 学会正确挤牙膏的方法
	漱口	◇ 饭后能够主动用正确的方法漱口 ◇ 能够主动用自己的杯子漱口 ◇ 漱口时知道不咽漱口水，把水吐到水池里 ◇ 能够取适量的水漱口，不浪费水，懂得节约用水
	涂护手霜	◇ 能够主动根据季节变化及自身需要，取适量的护手霜，用正确的方法涂抹
为集体服务	我来帮助你	◇ 能够用语言提示同伴用正确的方法洗手 ◇ 能够提示同伴养成健康的卫生习惯 ◇ 知道洗手后主动由里到外放袖子 ◇ 能够认真负责地完成自己所接受的任务 ◇ 尊重为大家提供服务的人，珍惜他人的劳动成果

续表

劳动教育内容		劳动教育目标要求
为社会服务	环保小卫士 节约用水、用电	◇ 能够主动开关灯，节约用电 ◇ 爱护身边的环境，注意节约资源 ◇ 知道不要把水滴在地上，避免有人滑倒，有安全意识 ◇ 不玩水，有节约用水的意识 ◇ 知道节约用水，洗手后能够主动关紧水龙头
	爱护公共设施	◇ 能够初步了解一些常见的公共设施，尊重为我们服务的人，知道保护水龙头等公共设施 ◇ 认识水龙头的作用，正确使用供水设施

二、大班盥洗环节劳动教育案例

案例 1 小手洗香香

（一）活动背景

洗手环节是幼儿园一日生活中必不可少的生活环节，对于幼儿来说非常重要，教师应有意识地培养幼儿的洗手常规，在班级开展健康教育活动。

（二）活动案例

秋冬季是幼儿容易生病的时候，教师结合班级出勤现状，组织幼儿围绕"为什么他们会请假"的话题进行讨论。果果说："因为他们流鼻涕了!"轩轩说："因为他们感冒了，不能来幼儿园。"幼儿结合自身的生活经验说起不上幼儿园的原因。教师继续追问道："为什么会生病呢?"放放说："他们没盖好被子，就着凉了。"熹熹说："他们没有多喝水。"为了帮助幼儿了解生病和洗手也是息息相关的，班级开展了集体教学活动，通过儿歌的方式，引导幼儿一边做动作，一边唱七步洗手法儿歌。

（三）指导策略

1. 环境创设

（1）在盥洗室张贴七步洗手法图示，引导幼儿按照正确的洗手方法洗手。

（2）在洗手池附近的地面上贴上标志，如箭头、花、泡泡、石头等，并采用游戏化的口吻，如"我们都是小蜜蜂，找到小花快站好"，引导幼儿站在标志上排队洗手。

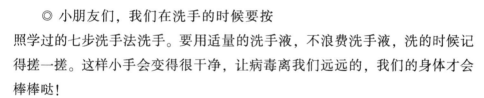

（3）通过洗手液的正确挤法和用量的图示，帮助幼儿学会如何挤洗手液。

2. 教师指导

◎ 小朋友们，我们在洗手的时候要按照学过的七步洗手法洗手。要用适量的洗手液，不浪费洗手液，洗的时候记得搓一搓。这样小手会变得很干净，让病毒离我们远远的，我们的身体才会棒棒哒！

3. 儿歌及绘本引导

绘本阅读：《一点也不脏呀》《洗手不偷懒》

4. 集体教育活动

保健医通过示范、讲解、演示、提问、抢答等方式，引导幼儿学会七步洗手法，让幼儿在轻松愉快的氛围中知道认真洗手的重要性。

案例 2　能干的小手

（一）活动背景

挂毛巾考验的是幼儿手指部位的精细动作及双手协调能力。大班的幼儿通过"我为自己服务"的形式开展此项活动，增加了趣味性。

（二）活动案例

吃加餐的时间到了，教师和几个幼儿一起进入盥洗室洗手。当教师洗完手发现，幼儿在洗完手时，有的摘下毛巾擦手，有的直接在上面蹭来蹭去就擦完了。教师在盥洗室外面叫住了他们，说："萱萱、瑶瑶、颢颖等一下，咱们洗完手要做什么？"萱萱说："拿毛巾把手擦干。"教师又说："刚才我发现有的小朋友没有摘下毛巾擦手，而是直接在毛巾上蹭了蹭，这样做对吗？"瑶瑶说："这样做不好，我可以提醒他，我刚才摘下来，像翻烙饼一样擦干净手的。"颢颖听完后，赶紧摘下毛巾把手擦干净，又把毛巾挂了回去。教师给颢颖竖起了大拇指。

（三）指导策略

1. 环境创设

张贴擦手宣传画，帮助幼儿养成正确擦手的习惯。

2. 教师指导

◎ 小朋友们，手上有许多小水滴，很容易把地面弄湿。记得洗完手把小手用毛巾擦干，手心和手背都要擦干。

3. 儿歌及绘本引导

用儿歌《挂毛巾》对幼儿进行引导。

案例 3　刷牙我最棒

（一）活动背景

大班幼儿正处于换牙阶段，他们对换牙充满着好奇，经常一起谈论牙齿的话题。有的幼儿发现自己的牙齿掉了之后长得特别慢，有的幼儿发现自己长了蛀牙。为了让幼儿知道保护牙齿的重要性，学会正确刷牙，教师设计了"保护牙齿，我爱刷牙"的健康活动，让幼儿掌握正确刷牙的方法，养成刷牙护牙的好习惯。

（二）活动案例

中午进餐结束后，幼儿都自主进入盥洗室刷牙去了。他们自己接水、挤牙膏，认认真真地刷起牙来。教师发现，有的幼儿牙膏挤得太多，有的挤得太少。午检时，教师发现有的幼儿牙齿上还有菜叶，但是他们在餐后都已经刷牙了，是不是没有认真刷牙呢？发现这个问题后，班级开展了教育活动，在活动中引导幼儿讨论。教师说："你们知道为什么要刷牙吗？每天刷牙都有哪些好处？为什么会长蛀牙呢？"博文说："我们要保护牙齿。赶走牙齿上的细菌。"嫣嫣说："刷牙可以防止蛀牙。"教师问："你们知道牙齿怎样会变得棒棒的呢？"阳阳说："我知道，要早晚刷牙，用圆弧刷牙法。"在讨论过后，幼儿了解了刷牙的重要性。

（三）指导策略

1. 环境创设

创设"挤牙膏"墙饰，使幼儿了解挤牙膏的量，挤黄豆大小即可，不浪费牙膏。

2. 教师指导

◎ 小朋友们，刷牙的时候要认真刷牙，吃过东西后记得刷牙，让我们都拥有一口健康的牙齿。我们在挤牙膏的时候，双手从下向上慢慢挤，挤成黄豆大小就可以，小心不要把牙膏弄到身上。

3. 儿歌及绘本引导

用儿歌《刷牙歌》对幼儿进行引导。

绘本阅读：《牙齿大街的新鲜事》《嘟嘟爱刷牙》《蛀牙的成长日记》

4. 集体教育

保健医通过示范、讲解、提问、抢答等方式，引导幼儿学会圆弧刷牙法，让幼儿在轻松愉快的氛围中知道认真刷牙的重要性。

案例 4 检查洗手

（一）活动背景

教师发现，有的幼儿为了更快地去吃饭，有时候会不好好洗手，或者不用洗手液。对此现象，班级开展了盥洗小约定的活动。

（二）活动案例

午餐时间到了，值日生们也陆续开始劳动了。可儿说："你没挤洗手液洗手。"阳阳说："我洗手了。"语沫说："阳阳，我在你边上洗手的时候没见到你用洗手液。"教师听到他们说话后，走过去对他们说："阳阳，小朋友说得对吗？"阳阳低着头说："老师，我没有用洗手液洗手。"教师说："为什么呢？"阳阳说："因为我想快点去取餐吃饭，我有点儿饿了。"教师说："阳阳，老师理解你，但是为了你的健康，一定要把小手洗干净再吃饭。值日生也提醒你了，你应该谢谢值日生，对不对？"阳阳说："老师，我知道了，我再去洗一次手。"

（三）指导策略

1. 教师指导

运用儿歌来检查，让幼儿把手举高，值日生闻一闻同伴的小手，提高幼儿认真洗手的积极性。

◎ 洗完手的小朋友把小手擦干后再去找值日生检查。

2. 儿歌及绘本引导

我最讲卫生

哗哗流水清又清，

洗洗小手讲卫生，

伸出手来比一比，

谁的小手最干净。

3．值日生

值日生在检查洗手的时候，要用和蔼的语气与同伴沟通，检查同伴是否使用洗手液、是否洗干净、是否浪费水等，提醒没洗干净的同伴重新洗手。

4．榜样示范

发挥同伴间的榜样示范作用，帮助幼儿掌握如何正确洗手。

三、大班盥洗环节劳动教育小妙招

（1）在幼儿盥洗时关注幼儿的情绪，当幼儿情绪不好时，不做强制要求。

（2）用幼儿的名字为幼儿做标记，方便幼儿找到自己的水杯和毛巾。

（3）用和蔼的语气提示幼儿以同伴为榜样，帮助幼儿养成良好的卫生习惯。

（4）教师可以运用听故事、念儿歌的形式对幼儿进行卫生教育。

（5）针对幼儿在盥洗时出现的种种不良行为习惯，用正确的行为作为改正目标，并不断强化。

（6）请值日生自己协商任务分配，增强幼儿的责任感和与同伴的协商能力，同时鼓励幼儿为集体服务。

（7）结合主题活动开展劳动教育，让幼儿体验劳动带来的快乐。幼儿园以"自己的事情自己做"为主题开展一系列活动，促进幼儿自理能力的提升，并体验劳动带来的快乐。

（8）在一日生活中开展劳动教育，引导幼儿养成一定的劳动习惯，培养幼儿独立劳动的能力，以及在集体中合作劳动的能力等。

大班进餐环节劳动教育

李 晨 张 宁

一、大班进餐环节劳动教育内容及目标要求

劳动教育内容			劳动教育目标要求
自我服务	餐前	洗手	◇ 餐前自觉主动地洗手 ◇ 熟练掌握七步洗手法 ◇ 能够主动用正确的方法挽袖子 ◇ 洗手后能够用正确的方法把手擦干净 ◇ 不玩水，有节约用水的意识
		取餐	◇ 能够自觉按秩序排队取餐，理解生活中的规则 ◇ 知道双手拿餐盘，轻拿轻放，懂得基本的进餐礼仪 ◇ 能够找到自己的座位，坐姿端正
	餐中	进餐	◇ 能够熟练、正确地使用筷子进餐 ◇ 进餐时细嚼慢咽 ◇ 知道安静进餐有利于身体健康 ◇ 能够在轻音乐的陪伴下愉快进餐 ◇ 能够根据自己的食量自主添餐
	餐后	擦嘴	◇ 餐后能主动用正确的方法擦嘴 ◇ 增强节约的意识，节约用纸
		送餐具	◇ 进餐后主动清理桌面，双手送椅子 ◇ 双手拿好餐具不掉落 ◇ 能够自觉按标志分类送餐具 ◇ 能够自主对厨余垃圾进行分类投放
		漱口	◇ 餐后主动漱口 ◇ 漱口时知道不咽漱口水，把水吐到水池里 ◇ 能够用适量的水漱口，知道节约用水 ◇ 能够及时将口中的食物残渣漱干净

劳动教育内容			劳动教育目标要求
自我服务	餐后	刷牙	◇ 学习挤牙膏的多种方法 ◇ 掌握正确的刷牙方法 ◇ 能够自觉将牙杯、牙刷清洗干净 ◇ 能够用适量的水刷牙，不玩水，知道节约用水
		洗手	◇ 餐后自觉主动地洗手 ◇ 熟练掌握七步洗手法 ◇ 能够主动用正确的方法挽袖子 ◇ 洗手后能够用正确的方法把手擦干净 ◇ 不玩水，有节约用水的意识
为集体服务	擦桌子		◇ 能够掌握擦桌子的基本方法，具有生活自理能力 ◇ 能够与同伴分工合作，共同完成任务
	穿围裙		◇ 通过同伴间互助，穿戴好围裙，做好分餐前准备
	分发餐具		◇ 能够根据当天幼儿人数分发餐具
	摆擦布、纸巾盒		◇ 能够将擦布叠整齐摆在桌子中央
	搬、摆椅子		◇ 知道轻拿轻放椅子，不发出很大的声音 ◇ 能够使用正确的方法摆椅子，知道椅子腿贴着桌子腿
	看洗手		◇ 提醒同伴用七步洗手法洗手，有集体荣誉感
	介绍菜谱		◇ 了解各种食物的营养知识，根据需要适量进食
	收整桌面		◇ 主动检查自己周围的桌面、地面是否有食物残渣，珍惜教师的劳动成果 ◇ 学会擦桌子的正确方法
	摆放餐具		◇ 能够轻拿轻放餐具，不发出很大的声音 ◇ 知道正确拿餐具的方法，不要一次性拿过多，避免把碗弄脏
为社会服务	尊重服务的人		◇ 体验为自己服务的教师的辛苦，尊重为自己服务的人

二、大班进餐环节劳动教育案例

案例 1 我和筷子做朋友

（一）活动背景

筷子是日常生活中常见的餐具，使用筷子也是一项生活技能。幼儿刚升入大班，对如何正确使用筷子没有明确的认识。通过谈话活动，引导幼儿观察筷子，知道筷子是成双使用的。

（二）活动案例

教师通过谜语引发幼儿兴趣："兄弟俩，一样长，酸甜苦辣它们尝。"教师请幼儿猜一猜是哪种餐具，随后展示筷子，出示谜底。

教师提问："筷子有什么用途吗？""你们会使用筷子吗？你们是怎么握筷子的？"

教师请几名幼儿进行展示。随后，教师边讲解边示范拿筷子的正确姿势，利用游戏"夹夹乐"来帮助幼儿练习使用筷子。

（三）指导策略

用儿歌《我会用筷子》对幼儿进行引导。

案例 2 我是小小营养师

（一）活动背景

通过"营养膳食宝塔"引导幼儿知道合理的饮食结构，幼儿园的食谱是按照人体所需的营养进行科学膳食搭配的。在教师指导下，幼儿通过操作金字塔教具，知道哪类食物要多吃，哪类食物要少吃，懂得均衡饮食，养成良好的饮食习惯。

（二）活动案例

教师出示 7 种食物卡通图片：胡萝卜、青豆、燕麦、苹果、草莓、银鱼和红虾。教师提问："你们喜欢吃这些食物吗？"请幼儿说出喜欢的原因和不喜欢的原因。

教师出示营养膳食宝塔，向幼儿介绍谷类、鱼类、肉类、蛋类、豆类及蔬菜和水果的营养物质。

请幼儿观看并讨论幼儿园的一周食谱："刚刚，我们看了幼儿园一周的食谱，你们觉得这么制定好吗？是不是我们人体需要的各种营养物质都有了呢？"

请幼儿分组设计食谱："现在请小朋友们来设计一份一周食谱。向大家分享一下你是怎么搭配的，里面都包含了哪些营养物质？"

（三）指导策略

创设"合理膳食"墙饰，指导幼儿了解各种常见的食物会提供哪些营养。

三、大班进餐环节劳动教育小妙招

（1）采用物质奖励形式。对于用餐习惯良好的幼儿可以给予奖励，以巩固幼儿良好的习惯和以劳动为荣的思想。如能自己主动吃饭、饭菜交替地吃完一份饭菜；用餐时能保持干净，知道将食物残渣放进空碗；饭后能整理餐桌，轻轻放回餐具；饭后安静游戏，不影响其他人用餐。

（2）同伴榜样。进餐环节中要充分利用同伴之间相互影响的作用。让幼儿在同伴的示范下知道怎样做才是正确的，并激发他们乐意向别人学习的意愿。

（3）正面引导。每周评选值日生小标兵，鼓励幼儿热爱劳动、珍惜别人的劳动成果，感受为他人服务的乐趣。

（4）劳动技能大比拼活动。每名幼儿选择自己认为做得最好的一项劳动，参加班级比赛。教师根据比赛结果评选"劳动之星"。

（5）分餐具。引导幼儿正确拿餐具，不要一次性拿得过多。指导幼儿根据桌子人数拿相应的碗，不要多拿。

大班加餐环节劳动教育

彭文丽

一、大班加餐环节劳动教育内容及目标要求

劳动教育内容			劳动教育目标要求
自我服务	餐前	洗手	◇ 餐前自觉主动地洗手 ◇ 熟练掌握七步洗手法 ◇ 能够主动用正确的方法挽袖子 ◇ 洗手后能够用正确的方法把手擦干净 ◇ 不玩水,有节约用水的意识
		取水杯	◇ 能够按照姓名取水杯,用正确的方法拿水杯
		取加餐	◇ 主动按照安全距离排队取加餐 ◇ 正确使用取餐用具,按需取加餐 ◇ 按照图例提示的数量自主取加餐
	餐中	进餐	◇ 能够自主倒水(倒奶) ◇ 进餐时能够保持轻松愉快的情绪 ◇ 能够及时向教师表达自己的进餐需要
	餐后	擦嘴	◇ 餐后能主动用正确的方法擦嘴
		收整桌面	◇ 进餐后主动清理桌面,双手送椅子 ◇ 能够用正确的方法擦桌子
		漱口	◇ 餐后主动漱口 ◇ 漱口时知道不咽漱口水,把水吐到水池里 ◇ 能够用适量的水漱口,知道节约用水 ◇ 能够及时将口中的食物残渣漱干净
		清洗加餐盘	◇ 加餐后主动清洗加餐盘,并能够将自己的加餐盘清洗干净,做到节约用水

劳动教育内容		劳动教育目标要求
为集体服务	收拾整理	◇ 能够与同伴分工合作，共同完成任务 ◇ 根据需要用适宜的工具及时清理地面 ◇ 知道轻拿轻放椅子，不发出很大的声音 ◇ 能够使用正确的方法摆椅子，知道椅子腿贴着桌子腿
	接水、端水壶	◇ 主动用正确的方法接定量的水 ◇ 按照标记将水壶送到指定位置，能够轻拿轻放
	小小服务生	◇ 能够用礼貌的语言提示同伴遵守常规 ◇ 懂得尊重他人，有榜样意识
	垃圾袋的使用	◇ 知道垃圾袋装满之后要系上，并有意识地换上新的垃圾袋 ◇ 能够用正确的方法把垃圾袋套在垃圾桶上
	拖地、扫地	◇ 能够动作协调地使用笤帚、拖把等劳动工具
为社会服务	垃圾投放	◇ 自主对垃圾进行正确分类并投放 ◇ 愿意与家长一起参加社区开展的垃圾分类活动 ◇ 有环保意识 ◇ 有初步的责任感，愿意努力做力所能及的事

二、大班加餐环节劳动教育案例

案例 1 取餐

（一）活动背景

大班幼儿对幼儿园环境和各环节非常熟悉，有的幼儿在取餐时容易插队，幼儿间也可能发生推挤的现象。

（二）活动案例

取加餐时，航航从队伍后面直接走到最前面，排在暖暖后面等着取餐的安娜看到后并没有说什么，继续等待取餐。这时，友友也直接走到队伍最前面取餐。

　　安娜："请排队取餐。"

　　友友听到声音后扭头看向安娜,被插队取餐的航航碰掉了手中的餐盘。教师走过去帮着友友把地面清理干净。

　　教师："为什么没有保护好自己和食物呢?"

　　友友："因为没有看见航航,所以撞掉了。"

　　安娜："他们总是插队。"

　　暖暖："因为他们走路太快了!"

（三）指导策略

1. 引发讨论

教师组织幼儿一起分析同伴间产生矛盾的原因,然后共同探索解决问题的方法。

2. 教师指导

鼓励幼儿之间相互提醒,共同创造文明有序的取餐环境。

案例 2　清洗加餐盘

（一）活动背景

用完加餐后,幼儿会将残留果汁、干果皮等都放在加餐盘里。清洗加餐具对于幼儿来说是一项不小的挑战。

（二）活动案例

用完加餐后,教师整理加餐盘时发现,有的没有清洗,有的没洗干净,还有的残渣留在了餐盘里。

　　教师："加餐盘用完后,直接把它放回去好呢,还是把它清理干净好呢?"

　　安娜："洗干净后再放回去更好!"

　　然然："可是我用水冲不掉里面的脏东西。"

教师："有谁知道怎样才能把餐盘洗干净呢?"

友友："我知道!"

友友向同伴展示了洗加餐盘的方法,得到了大家热烈的掌声。友友主动申请当"小小监督员",协助同伴把加餐盘洗干净。

(三) 指导策略

1. 观察法

教师引导幼儿仔细观察残渣是否洗干净。

2. 讨论法

幼儿通过讨论,知道加餐盘用完后需要洗干净再放回去。

3. 实践法

鼓励幼儿共同探索清洗加餐盘的方法,了解洗盘子时需要开小水,将盘子的正反面清洗干净,从而养成用完加餐盘后先洗干净再放回的良好习惯。

案例 3 垃圾袋的使用

(一) 活动背景

垃圾袋是生活中不可缺少的日用品。用完加餐后,幼儿有意识地将垃圾放到垃圾桶内,当垃圾桶装满时,有的幼儿会继续扔垃圾,导致地面上会有掉出来的垃圾。

(二) 活动案例

放果皮时,乐乐发现厨余垃圾桶满了,便放在了"其他垃圾"桶内。值日生豪豪看到了。

豪豪："你放错了。"

乐乐："可是厨余垃圾桶已经满了,应该换一个新的垃圾袋吧?"

豪豪："老师,垃圾袋满了,能换一个新的吗?"

教师："当然了,谁会换垃圾袋呢?"

很多幼儿听完后都没有反应。

妍妍："我会!"

妍妍选择了一个灰色的垃圾袋走到垃圾桶旁边。

豪豪："你拿的是一个'其他垃圾'袋,应该用绿色的垃圾袋。"

妍妍听后,拿了一个绿色的垃圾袋换上了。

(三) 指导策略

1. 环境创设

教师设计"我会套垃圾袋"记录表,以鼓励幼儿通过自己的努力学会套垃圾袋。

2. 游戏法

教师通过"连连看"小游戏,引导幼儿学会选择与垃圾桶对应的垃圾袋。

3. 讨论法

教师鼓励幼儿讨论套垃圾袋的方法。

4. 比赛法

把所有套垃圾袋的方法汇总在一起,通过比赛的方式,让幼儿选出最好用的方法。

案例 4 拖地、扫地

(一) 活动背景

为了提高幼儿的劳动能力,不仅能够更好地自我服务,还能更好地为集体服务,幼儿园将扫地、拖地纳入了值日生的劳动项目中。

(二) 活动案例

加餐结束了,萌萌着急地走到教师身边。

萌萌："老师,我不小心把牛奶洒在了地上。"

教师："没关系，你去拿个拖把把它擦了就行，你会用拖把吗?"

萌萌："行，我试试。"

萌萌擦了一会儿，乐乐走过去要试着帮忙。两人忙了一会儿后，走向了教师。

乐乐："老师，我们怎么也擦不干净!"

航航："你们没有把拖把里的水挤掉，我来试试。"

说完，航航拿着拖把走进盥洗室，很快又拿着拖把出来了。

航航："不能太大面积擦，要一点儿一点儿挨着擦。"

乐乐："真的干净了!"

航航："3 号桌下面可以先用扫把扫，然后再擦，才能干净，我在家经常帮妈妈扫地、拖地。"

幼儿自发地给了航航热烈的掌声。

教师："真棒，谁还在家里帮妈妈扫过地、拖过地呢?"

安娜："我扫过地，但不是很干净!"

安安："我不会用拖把。"

冉冉："我都不会。"

佑佑："我也会，就是干得很慢!"

（三）指导策略

1. 观察法

教师引导幼儿观察拖地和扫地时遇到的问题，比如拖地时，如何把地均匀地擦干净。

2. 讨论法

教师鼓励幼儿不断探索扫地、拖地的方法，如扫地时，如何一只手拿扫把，另一只手拿簸箕，双手协调配合将垃圾扫进去。

3. 实践法

鼓励幼儿在幼儿园和家里不断地尝试扫地、拖地。

4. 儿歌及绘本引导

扫地歌

好爸爸，不在家，一大早，去上班。

好妈妈，刚出门，急匆匆，工作忙。

小宝贝，转转眼，我今天，把家当。

地板上，灰尘多，我就来，把地扫。

桌前扫，门后扫，床下扫，墙边扫。

小角落，灰尘多，要仔细，别漏掉。

脏垃圾，扫集中，小簸箕，要用到。

打扫完，要洗手，讲卫生，别忘掉。

三、大班加餐环节劳动教育小妙招

（1）教师示范。在加餐环节中，教师应以身作则，谨言慎行，通过各种途径和方法帮助幼儿养成良好的进餐习惯。还可以通过各种形式，如儿歌、图片等，引导孩子养成良好习惯。

（2）同伴榜样。充分利用同伴之间的影响作用，激发他们乐意向别人学习的意愿。

大班午睡环节劳动教育

李宏辰

一、大班午睡环节劳动教育内容及目标要求

劳动教育内容			劳动教育目标要求
自我服务	午睡前	摆放椅子	◇ 能够主动将自己的椅子摆放在固定位置
		睡前如厕	◇ 睡前主动如厕，养成良好的生活习惯
		脱衣服、叠放衣物	◇ 能够主动有序地取拖鞋和脱衣服，并将衣服和裤子整齐叠放在椅子上 ◇ 能够主动将鞋子和袜子摆放整齐 ◇ 能够主动将湿的衣物铺平晾晒，并自行更换衣物
		整理发饰	◇ 能够主动解头发、摘发饰，并放到梳子袋中
		自我护理	◇ 掌握正确涂唇膏和护手霜的方式，主动做好自身的护理
	午睡中	整理被子	◇ 上床前先将自己的被子打开，做好午睡准备 ◇ 能够根据天气、温度及自己的冷热情况，调换薄厚适中的被子
		摆放拖鞋	◇ 主动将拖鞋整齐地摆放在床底下
		调整衣物	◇ 午睡时感觉较冷或较热时，可以主动更换适当的衣物
		起床如厕	◇ 午睡中有如厕需求时，能够主动如厕后再入睡
	午睡后	整理床铺	◇ 起床后能够主动用正确的方法将自己的被子叠好，将床铺收拾干净、整齐 ◇ 能够主动将有汗渍的床单或枕头铺平晾晒在阳台
		穿好衣物	◇ 能够主动按照正确的顺序穿好衣物、检查正反，并知道塞好衣服和裤子 ◇ 主动将拖鞋整齐地放回鞋柜中 ◇ 能够自己系鞋带

劳动教育内容			劳动教育目标要求
自我服务	午睡后	摆放椅子	◇ 主动将椅子整齐摆放回桌子旁
		整理发饰	◇ 能够主动找到自己的发饰和梳子，并将头发梳顺、整理利落 ◇ 能够尝试自己梳小辫或编发，并找教师检查
为集体服务	午睡前	摆放椅子	◇ 值日生检查所有椅子，将椅子摆放整齐，并注意每把椅子之间的距离
		推玩具车	◇ 能够主动将玩具车推到指定位置 ◇ 能够在散步前主动将玩具车推回原位
		掀床罩、拉床、拉上窗帘	◇ 值日生能够拉开床罩拉链并掀上去，能够合作将床拉到固定位置，且能够注意自己和同伴的安全 ◇ 值日生能够主动将窗帘拉上，做好班级午睡前准备
		整理发饰	◇ 同伴之间能够互相帮助将头发解开、摘掉头饰
		整理衣物	◇ 能够主动帮助同伴将不好脱的衣服脱下来 ◇ 值日生检查同伴摆放衣服和鞋袜是否整齐，并提示同伴
	午睡中	整理被子	◇ 能够主动帮助同伴将被子掀开
	午睡后	推床、放床罩、拉开窗帘	◇ 值日生能够主动协助教师将床铺推回原位，并将床罩放下来拉上拉链 ◇ 值日生能够自觉将窗帘拉开，并用窗帘绑带将窗帘围好
		整理衣物	◇ 主动帮助同伴整理衣服 ◇ 值日生检查同伴是否将衣服穿好、塞好
		梳头	◇ 同伴之间互相帮助梳头发
		推玩具车	◇ 能够主动将玩具车推到指定位置
为社会服务		节约用电	◇ 等其他幼儿躺好后，主动关灯，有节约用电的意识
		宣传睡眠日	◇ 通过制作宣传海报，让更多的人了解到午睡的好处
		安静午睡	◇ 主动遵守午睡规则，做到安静午睡

二、大班午睡环节劳动教育案例

案例 1　我的小睡衣

（一）活动背景

很多幼儿比较容易出汗，尤其是天气较热的时候。在幼儿园，部分幼儿在午睡前，贴身衣服可能是潮湿的，这样不仅会导致睡觉不舒服、入睡困难，还可能导致幼儿着凉生病。大班幼儿大多可以根据自己的冷热情况、身体情况等自主调整衣物，教师可以进行有针对性的指导。

（二）活动案例

夏季的一天，午睡前，教师在给幼儿测量体温的时候，发现有几位幼儿额头有些汗，然后摸了摸他们的后背，汗水已经将衣服浸得有些潮湿了。教师提示他们到柜子里找一件干净的上衣换上再上床睡觉，并将换下来的上衣搭在班级窗台的栏杆上晾一晾。

天气越来越热了，教室里光线充足，温度也较高，每天都会有很多幼儿的衣服被汗水浸湿，睡觉的时候也不太舒服。于是教师利用过渡环节和幼儿探讨这个问题，商量解决办法。

林昊："我觉得可以像上次那样，老师让我在午睡前去柜子里找干净的衣服换上。"

瑶瑶："对呀！再把换下来的衣服晾起来就好了。"

皮皮："我同意！换件干净的衣服再午睡可舒服了！"

教师："小朋友们可以在午睡前换干净衣服，可是我们的栏杆没有那么长，放不下所有小朋友的衣服，怎么办呢？"

鱼儿："我们可以搭在床的围栏上呀！"

教师："嗯！这个主意非常好！那你们觉得什么时候换衣服比较合适呢？是上床前还是上床后呢？"

淇淇："我觉得可以上床前在小椅子那里换!"

珍珠："我觉得可以上床以后再换,这样换下来的衣服就能直接搭在床上了。"

小凡："那我们为什么不能准备一件睡衣呢?就像在家里那样,把睡衣放在床上,等做好睡前准备以后,上床换睡衣,然后就可以舒舒服服地午睡啦!"

幼儿纷纷踊跃发表自己的想法。最后,大家投票决定,每位幼儿准备一件睡衣放在床上,每天午睡前到床边换睡衣,换下来的衣服铺好搭在床围栏上晾干,起床后再换上,最后把睡衣和被子一同叠好放在床上。如果衣服特别潮湿,可以晾在阳台栏杆处,如果起床后衣服没干,可以装起来带回家,再换上柜子里的干净衣服。睡衣每周带回清洗,遇到特殊情况也可以特殊处理。

教师将此情况告知家长,并提示家长给幼儿多准备几套换洗衣物,每天提示幼儿根据自己的情况,自主地、及时地更换干净衣物,养成良好的生活习惯,培养幼儿的自理能力以及自我服务意识。

(三)指导策略

1. 环境创设

(1)在幼儿衣柜处张贴更换衣物的标志,提示幼儿在什么时候和什么情况下需要更换衣物,如衣物脏了或湿了、午睡前后、户外活动之后等。

(2)创设"睡前小任务"墙饰,提示幼儿在午睡前需要做哪些事情,如摆椅子、脱叠衣服、摆放鞋袜、如厕盥洗、整理发饰、涂唇膏和护手霜、换睡衣等。

2. 教师指导

◎ 出汗了的小朋友要及时擦汗哦!如果衣服湿了,一定要去柜子里找件干净的衣服换上。

◎ 小朋友们,要记得把换下来的衣服铺平了再搭在床围栏上,铺得越平整,干得就越快!

◎ 换下来的小睡衣要记得叠好再摆放在床上哦!如果睡衣湿了,可以自已选择是带回家换一件，还是在幼儿园晾一晾。

3. 儿歌及绘本引导

我的小睡衣

我有一件小睡衣，

干净舒服又凉快，

衣服湿了换上它，

午睡再也不用怕。

4. 家园共育

（1）告知家长班级温度，提示家长给幼儿穿适宜的衣服，并多准备一些衣服放在幼儿园。

（2）对于易出汗的幼儿，多与家长沟通，让家长关注幼儿身体情况。

（3）家园同步，请家长在家中也为幼儿准备小睡衣，引导幼儿养成良好的生活习惯，建立自我服务意识。

案例 2　我会梳头发

（一）活动背景

每天午睡起床后，班里的女孩儿梳头发的时间比较长。教师会让她们先自己用梳子把头发梳顺一些，再帮忙扎辫子。教师发现，有的幼儿虽然自己梳头发梳得不是很利落，但是对编小辫儿很有兴趣，所以开展了以编织为主题的活动，角色区设计为"理发屋"，将幼儿的兴趣落实到班级活动当中，并在游戏中提高幼儿梳头发的水平，既锻炼了自理能力，又节约了起床后的时间。

（二）活动案例

新学期第一天午睡起床后，教师站在梳子袋旁，提示穿完衣服的女孩们可以来找教师梳头发了。芊依走过来跟教师说："老师，您知道吗？我可厉害了，我都会自己编头发了！"说完就拿起自己的梳子走到盥洗室镜子处，开始自己整理头发。"好的，芊依，我知道你很厉害呀！中班的时候，你就会梳小辫儿了，没想到现在都会编了！那你加加油，待会儿让老师看看你给自己设计的发型！我相信一定很漂亮！"鼓励完芊依，教师便开始给来排队的小女孩梳头发了。过了一会儿，教师看到芊依真的给自己编了一个麻花辫，正在努力地绑后边的头发。教师没有打扰她，继续给后边的小女孩梳头发。又过了一会儿，芊依笑呵呵地走了过来："老师，您看！我梳好啦！"只见她给自己在额头处编了两个小麻花辫，后面扎了一个马尾辫，还把卡子卡了上去。不仅教师十分惊喜，就连旁边的同伴都激动得一直夸赞芊依，她别提多高兴啦！教师连忙给她拍了照，准备离园后和她妈妈分享这件事。

在下午过渡环节，教师请芊依来和大家说一说，自己是怎么会梳头发和编小辫儿的，也和她一起鼓励了女孩们，让大家每天可以先尝试自己梳头发，也可以到美工区和角色区请教师教自己编发和梳不同的发型。第二天，女孩们自觉主动地开始自己梳头发，都非常期待教师能给自己拍照并提出表扬，她们有时候还能互相帮忙将头发梳顺。

（三）指导策略

1. 环境创设

（1）在幼儿梳子袋旁创设"我会梳头发"图示，张贴梳头发时拿梳子的正确姿势，以及梳头发的好方法的图片。

（2）设置"妆发区"，吸引幼儿，使幼儿有兴趣和动力在小镜子前整理头发。

2. 区域活动

（1）在角色区投放"发型图册"玩具材料，幼儿在"理发屋"可以练习梳头发、编发等。

（2）在美工区创设编织墙，幼儿可以在此处练习编三股绳、四股绳等，还可以创编发型，激发幼儿梳头发的兴趣和动力。

3. 过渡环节

请会自己梳头发的幼儿和大家分享自己梳头发的方法，教师将幼儿梳好的发型拍照留存，定期制成相册挂在"妆发区"。

4. 教师指导

◎ 小朋友们，起床后都可以到盥洗室照照镜子，检查一下自己的头发是否整齐哦！小女孩可以自己先把头发梳顺，再来找老师梳头发，会自己梳头发的小女孩可以尝试自己梳。

◎ ××小朋友的头发梳得真漂亮，老师给你拍张照，再做成相册，大家都会模仿你的发型，你可太厉害啦！期待你梳更多好看的发型。

5. 家园共育

（1）请家长在家中给幼儿自己梳头发的机会，并及时给予鼓励。

（2）给家长分享一些梳头发的步骤图，提示家长可以张贴在家中，或在家中也设置一个幼儿自己的妆发区。

案 例 3 睡前小故事

（一）活动背景

睡前故事不仅可以增强幼儿的听觉注意力，还可以使幼儿从中获得新经验、新知识，同时有助于提高幼儿的睡眠质量。在幼儿园，午睡前会给幼儿播放睡前小故事，涉及历史类、成语类、童话类等不同题材，幼儿都非常喜欢。教师将幼儿的兴趣爱好和午睡结合起来，既能锻炼幼儿的语言表达能力、增强对故事的理解能力，又能让幼儿体会为集体服务的荣誉感和快乐。

（二）活动案例

这天在午睡时，教师照例给幼儿播放睡前故事。悦悦小声地跟教师说："老师，我听过这个故事，我爸爸给我讲过。"教师突然想到，如果让家长和幼儿一起来录制睡前故事，岂不是更有意义！教师们协商一致后，决定在下午征求幼儿的意见。

教师："小朋友们，你们喜欢每天的睡前故事吗？"

幼儿："喜欢！"

教师："那有没有小朋友想要自己来讲睡前故事呢？也可以和你的家人一

起讲，录制成音频发给老师，老师每天可以放你们自己录的睡前故事。"

月颖："老师，是什么故事都可以吗？"

教师："当然啦！"

牧牧："是每位小朋友都要讲吗？"

教师："如果你们愿意的话，老师可以制作一个时间表，小朋友轮流来讲，如果不愿意的话也没有关系，可以告诉老师。"

牧牧："我愿意！"

墨墨："我也愿意，太好啦！我家里有好多故事书呢！"

教师："嗯！老师相信小朋友们一定都能讲得特别生动。等每位小朋友都讲了一遍以后，我们可以把故事音频整理好，和其他班级分享哦！"

就这样，"睡前故事我来讲"活动开始了。教师制定了讲故事人的顺序，将活动目标和要求告知了家长。每天都有幼儿兴奋地说："老师，今天轮到放我的睡前故事了！"

（三）指导策略

1. 环境创设

（1）创设"睡前故事我来讲"墙饰，将幼儿讲故事的时间安排表张贴在墙上，起到提示的作用。

（2）幼儿将自己和家人讲的故事绘制成图片，张贴在墙上并制成图册，等所有幼儿都讲过一轮后，可以自由选择当天听哪个故事。

2. 教师指导

请幼儿思考应如何讲故事，要注意不同人物的声调、语气等，还要关注情境的变化等。

3. 家园共育

（1）提示。提前一周提示下一周要讲故事的幼儿和家长做好准备。

（2）帮助。和家长分享录制音频和讲故事的经验，如家长需要帮助，教师及时提供支持。

（3）反馈。做好向家长的反馈工作，当天播放完故事音频后，及时鼓励家长和幼儿。

案例 4　系鞋带

（一）活动背景

教师应培养幼儿具有基本的生活自理能力，大班幼儿要学会自己系鞋带。班级中有些幼儿会穿需要系鞋带的鞋子，但是大部分幼儿对系鞋带的方法掌握得不太好，尤其在户外活动的时候，鞋带开了不会系、系不好，容易摔倒。

（二）活动案例

一次户外活动中，教师在指导幼儿跳绳的时候，看见静妍在自己系鞋带。因为班级开展过系鞋带的集体课，静妍把鞋带系得很好，教师就没有过多地指导她。静妍很快投入户外游戏中。不一会儿，教师看见静妍的鞋带又开了，她自己尝试系了一次后，就来找教师求助了："老师，可以帮我系一下鞋带吗？我自己系的鞋带总是散开。""好呀！没问题。"教师边说边帮她系鞋带，并多打了一个结，这样鞋带就不容易散开了。

幼儿有时候会穿带鞋带的鞋，但是又苦于不会系鞋带。鞋带系不好会影响到幼儿安全，系鞋带可以发展幼儿手指的灵活度。于是，利用过渡环节，教师和幼儿探讨这个问题，商量解决办法。

月颖："老师，我觉得我们需要再学一下系鞋带的方法！我有点记不清楚了。"

教师："可以啊！那我们再来学习一次吧。"

幼儿再次学习了系鞋带的方法。

教师："我们都学会系鞋带了，那么小朋友们知道系鞋带需要注意什么吗？"

牧牧："系鞋带不能系死扣，不然脱鞋的时候就解不开了。"

墨墨："鞋带系紧时不要将鞋带的小尾巴都抽出来，不然就是死扣了。"

熙熙："如果系不紧鞋带的话，可以再系一个扣，这样鞋带就不会散开了。"

教师："嗯！老师相信小朋友们一定都能系好鞋带。我们有什么好办法可以多多练习系鞋带吗？"

林昊："我觉得我们回家也要多多练习系鞋带，避免忘记系鞋带的方法。"

瑶瑶："我们可以开展系鞋带大赛，看谁系得又快又好。"

教师："系鞋带大赛这个想法超级棒，可是我们并没那么多需要系鞋带的鞋，怎么办呢？"

豆豆："我想到了！我们可以用玩具模拟系鞋带。"

鱼儿："我们可以用美工区的材料做一些系鞋带的玩具呀！"

教师："嗯！这个主意非常好！那你们觉得系鞋带比赛比一次就可以了吗？"

珍珠："我觉得可以多开展几次系鞋带大赛，多练习一下，而且系鞋带这个技能，我们以后上小学也可以用得到呀！"

幼儿踊跃地发表了自己的想法。最后决定每两周开展一次系鞋带大赛，每次对前三名或者有进步的幼儿给予一定的奖励，调动幼儿学习系鞋带的积极性。

教师将此情况告知家长，并提示家长在家里可以多为幼儿提供系鞋带的机会，培养幼儿的自理能力和自我服务意识。

（三）指导策略

1. 环境创设

（1）在美工区提供一些制作系鞋带模型的玩具，引导幼儿在区域活动时做好系鞋带大赛的准备。

（2）创设"系鞋带好方法"墙饰，提示幼儿每次系鞋带前看一看系鞋带的步骤及注意事项等。

2. 教师指导

◎ 鞋带系不紧的话可以再系一个扣，这样鞋带就不容易散开了！

◎ 系鞋带大赛开始了，小朋友们要把鞋带系得又快又紧哟！

3. 儿歌及绘本引导

系鞋带

两个好朋友，交叉握握手，

变个兔耳朵，交叉拉拉手。

兔子长出大耳朵，绕过树，

跳进洞里，拉拉紧。

4. 家园共育

（1）告知家长系鞋带大赛的活动事项，提示家长在家多给幼儿提供系鞋带的机会。

（2）向家长推荐系鞋带的好方法，建议家长在家带幼儿边说儿歌边练习。

案例 5 世界睡眠日

（一）活动背景

世界睡眠日的设立，旨在引起人们对睡眠重要性和睡眠质量的关注。好的睡眠，会对身心带来不小的益处。睡眠对幼儿的身体健康发展十分重要。通过开展世界睡眠日活动，可以让幼儿更加了解睡眠对自身发展的重要性。

（二）活动案例

在集体活动中，班级开展了一次关于世界睡眠日的讨论。

教师："每天中午，我们吃过午饭、散完步，就有一件特别重要的事情要做，就是午睡。为什么说午睡是一件特别重要的事情呢？"

林昊："午睡可以让我们身体长高，脑袋休息一下。"

乐瑶："我们通过午睡可以变聪明，长大以后当科学家。"

教师："科学家经过调查发现，小朋友的大脑袋还没有发育成熟，很容易累，所以更需要休息。只有中午休息好了，才能在下午的活动中有精神。最重要的是，如果睡眠不好，时间久了会影响小朋友长个子，大脑也会变迟钝。大家记住了吗？"

幼儿："记住了！"

教师："那我们看一看小朋友的睡午觉情况，看看谁的姿势不太对？"

豆豆："静妍睡觉的时候咬被子、枕头，这样很不卫生，也很危险。"

小淇："林昊喜欢蒙着头睡觉，这样不能顺畅地呼吸到新鲜空气。这样的睡姿是不对的。"

大麒："月颖趴着睡觉。趴着睡觉会压到小朋友的心脏！"

教师："那什么样的睡姿是正确的呢？"

幼儿："平躺和侧睡是正确的！"

（三）指导策略

1. 环境创设

（1）在美工区可以提供一些绘制海报的工具，引导幼儿在区域活动时制作世界睡眠日海报。

（2）创设"正确睡姿"墙饰，提示幼儿每次午睡前看一看午睡的注意事项等。

2. 教师指导

◎ 小朋友要注意自己的睡姿是否正确哦，睡姿不正确要及时调整！

3. 家园共育

可以提示家长在家多提醒幼儿注意睡姿。

三、大班午睡环节劳动教育小妙招

（1）午睡小比拼。在午睡前和午睡后的穿脱衣服环节，教师可以将幼儿两人或三人分成一组，幼儿也可以自由分组，进行小比拼。比拼内容包括穿脱衣服的速度、叠衣服和摆放鞋袜的整齐度、午睡前准备活动的完成度、上床的快慢等，以趣味形式激发幼儿自我服务的动力，同时加快幼儿的行动速度。

（2）值日生责任制。请当天的值日生协商自己的任务分配，如一人帮助同伴穿脱衣服，一人检查椅子和衣物摆放情况，一人负责拉窗帘，两人负责拉床推床等，增强幼儿的责任感和协商能力，提高幼儿为集体服务的能力。

（3）分组制作图册。幼儿根据自己的意愿分为三组，分别是整理衣物组、午睡故事组、巧叠被子组。在区域活动时，幼儿可以自由选择和商量整理图册的方式，并在规定时间内完成。鼓励幼儿寻求家长的帮助，充分利用家长资源，促进家园共育。教师将完成后的图册或讲故事音频整理好，每周带领一组幼儿到其他班分享，帮助幼儿建立自信心，给幼儿提供展示的平台和机会，激发幼儿为园所和社会服务的愿望，并将一些好的方法留存下来，便于日后使用。

（4）环境创设奖励制。创设"一周午睡小达人"墙饰，教师和幼儿利用过渡环节，评选本周班级的"午睡小达人"。评比内容包括午睡环节的衣物摆放情况、入睡情况、床铺整理情况、劳动意识等，人数不限，只要达到标准均可当选。"午睡小达人"可以获得相应的奖励。

大班如厕环节劳动教育

兰清萍

一、大班如厕环节劳动教育内容及目标要求

<table>
<tr><th colspan="3">劳动教育内容</th><th>劳动教育目标要求</th></tr>
<tr><td rowspan="13">自我服务</td><td rowspan="2">如厕前</td><td>表达需求</td><td>◇ 能够主动表达如厕需求
◇ 能够主动如厕，有定时大便的好习惯</td></tr>
<tr><td>查看厕纸</td><td>◇ 便前养成查看厕纸的好习惯，没有厕纸时，能够及时告知教师或自己进行补充</td></tr>
<tr><td rowspan="4">如厕中</td><td>正确站位</td><td>◇ 能够双脚站在正确的如厕位置上</td></tr>
<tr><td>正确脱裤子</td><td>◇ 能够按照正确的顺序将裤子完全脱下后或脱到适当位置后再如厕，并保持衣物整洁</td></tr>
<tr><td>排便位置</td><td>◇ 随时关注自己的排便位置，避免排便到便池外</td></tr>
<tr><td>适量取纸</td><td>◇ 知道大小便的用纸量，有节约用纸的意识
◇ 能够根据自己的如厕需求和实际情况适量用纸</td></tr>
<tr><td rowspan="7">如厕后</td><td>擦屁股</td><td>◇ 掌握大便和小便后擦屁股的方式</td></tr>
<tr><td>正确扔纸</td><td>◇ 自觉将用完的厕纸投入垃圾桶，养成良好的习惯</td></tr>
<tr><td>冲洗便池</td><td>◇ 便后自觉主动地冲厕所，不摆弄冲水按钮，养成习惯，爱护公共设施
◇ 根据自己的如厕需求和实际情况用水冲厕所，养成不浪费水资源的好习惯
◇ 观察自己的排便情况，根据大小便的状态调整饮食，主动增加饮水量</td></tr>
<tr><td>整理衣物</td><td>◇ 在没有成人的帮助时能够完全自己整理好裤子
◇ 掌握塞裤子的正确步骤</td></tr>
<tr><td>更换衣物</td><td>◇ 能够主动将湿衣物换下</td></tr>
<tr><td>便后洗手</td><td>◇ 便后主动洗手，养成良好的卫生习惯</td></tr>
</table>

劳动教育内容			劳动教育目标要求
为集体服务	如厕前	查看厕纸	◇ 主动拿厕纸，及时补充
	如厕中	查看站位	◇ 能够提示同伴站在正确的如厕点位上，避免弄脏便池
		适量取纸	◇ 提示同伴节约用纸
	如厕后	查看垃圾	◇ 提示同伴便后将垃圾扔到垃圾桶内 ◇ 当发现垃圾桶装满时，能够及时告知教师进行更换
		整理衣物	◇ 提示同伴将衣裤整理好 ◇ 遇到困难时能够请同伴帮忙，互相帮助
为社会服务	懂得节约		◇ 知道纸张是由植物纤维做成的，愿意爱护花草树木，有节约意识
	保护环境		◇ 知道一些基础的环保措施，在生活中能做到垃圾分类
	爱护设施		◇ 能够爱护并正确使用公共设施，如厕后维护公共设施的整洁
	尊重清洁工人		◇ 了解清洁工人的工作，增强爱护环境的意识 ◇ 能够用自己方式感谢身边的清洁工人

二、大班如厕环节劳动教育案例

案例 1 冲洗便池

（一）活动背景

幼儿进入大班以后，已经养成了如厕后冲洗便池的习惯，但是有的幼儿对于冲洗便池的用水量还不清楚，存在一些浪费水的行为。如厕后，部分幼儿能够有意识地观察自己的大小便情况，但是不能做到及时判断与此相关的身体状态。大班幼儿已经具备用表格做记录的能力，教师设计幼儿的如厕表格，记录幼儿如厕的状况，以进一步判断身体情况。

（二）活动案例

在集体教育活动时，阔阔提出要去大便。几分钟后，教师和幼儿听到阔阔在卫生间频繁冲水的声音，原来是他的大便有些稀，蹭了一些在便池上冲不下去，所以阔阔一直在冲水。对于阔阔的难题，班级在过渡环节时进行了讨论。

教师："小朋友们，最近有小朋友发现我们的便池有一些脏脏的，或者听到有小朋友一直在冲水，为什么会出现这样的现象呀？"

晨晨："嗯嗯，我发现了，有些小便池脏脏的，有一些大便没有冲干净。"

秋秋："我感觉有的小朋友可能一次冲水没有冲干净，所以一直冲水，想冲干净。"

教师："嗯嗯，你们说得都非常好，那为什么有时候我们大便会冲不干净呀？"

悦悦："因为有的小朋友肚子不舒服，拉稀了，就会冲不干净。"

雯雯："上火了，大便也会冲不干净。"

教师："小朋友们说得非常正确。我们的大小便可以反映我们的身体情况。那遇到我们刚刚说的这些现象，我们应该怎么合理地利用水资源冲厕所呢？"

牧牧："不能一直冲水，冲一到两次，冲下去了就不要一直按了，要节约水资源。"

阔阔："那要是一直冲不干净，怎么办呢？"

悦悦："可以用便池旁的小刷子刷一下再冲，就能冲干净了。"

晨晨："或者找值日生和老师帮忙，总之一定要节约水资源，不能浪费水！"

教师："小朋友们讨论得非常精彩。以后我们再遇到这些情况就可以像今天讨论的这样做，一起节约水资源。同时，我们也可以将观察到的如厕情况记录到表格中，一起关注自己的身体情况！"

（三）指导策略

1. 环境创设

（1）创设"节约水资源"墙饰。

（2）张贴大小便对应的健康状态图，引导幼儿自主观察。

（3）设计幼儿的如厕记录表，记录幼儿的大小便状态。指导幼儿学会观察大小便反映出的身体情况。

2. 过渡环节

（1）提示幼儿便后自觉主动地冲厕所，不摆弄冲水按钮，养成好习惯，爱护公共设施。

（2）讨论如何根据自己的如厕需求和实际情况用水冲厕所，养成不浪费水资源的好习惯。

（3）引导幼儿观察自己的排便情况，根据大小便的状态调整饮食，主动增加饮水量。

3. 教师指导

◎ 小朋友们要节约水资源，及时观察自己的排便情况，然后进行记录哦。

4. 儿歌及绘本引导

绘本阅读：《优质的便便》

案例 2　适量取纸

（一）活动背景

幼儿在升入大班以后，对物品数量有了感知和理解，知道大小便的不同用纸量，有节约用纸的意识。但是偶尔会有浪费的现象，需要规范幼儿取纸的数量。为了避免浪费厕纸，教师应培养幼儿自觉根据自己的如厕需求和实际情况适量用纸。

（二）活动案例

在户外活动前，幼儿进入盥洗室如厕。来来突然大声说："老师，盥洗室又没有纸了！"其实距离上一次补充厕纸的时间很短，教师意识到可能有浪费厕纸的情况，于是在户外活动回来后组织幼儿展开了讨论。

教师："小朋友们，我们盥洗室的纸巾盒刚刚补充了没多久就又没有纸了，纸用得很快，小朋友们思考一下这是为什么？"

来来："我发现有小朋友浪费纸。"

教师："怎么浪费的，你能详细跟我们说一说吗？"

来来："有的小朋友明明是小便，但是抽了很多张纸，都快赶上大便的用纸了。"

皮皮："这样很浪费，就会导致我们的纸用得很快。"

教师："看来我们找到了纸用得很快的原因了，那我们怎么解决这个问题呢？"

一一："少用纸，每人如厕后只用一张纸。"

琪琪："可是我担心大便一张纸不够用怎么办，会擦到手上。"

雯雯："小便用一张纸，把它折起来就不会弄到手上。大便可以用两张纸，或者一张一张加，不要一次性拿很多张，擦干净了就可以不用再拿了，这样就不会浪费了。"

教师："小朋友们同意这个取纸的方法吗？我们一起做环保小卫士，节约用纸，保护环境。"

幼儿："同意。"

（三）指导策略

1. 环境创设

在放置纸巾的纸巾盒上张贴用纸步骤图。

2. 过渡环节

教师引导幼儿根据步骤图取纸。

3. 教师指导

◎ 请小朋友根据小便、大便的情况适量取纸。

◎ 今天节约用纸的小朋友真棒哦。

案例 3　查看垃圾

（一）活动背景

幼儿升入大班后，为了让幼儿增加集体荣誉感，班级中除了设置值日生岗位，还增加了卫生委员等岗位，增加幼儿的责任心和管理能力，进一步强化规则意识。

（二）活动案例

这天是兰兰做卫生委员，她在同伴如厕后进行检查时，发现了很多卫生间存在的"小问题"，便找到教师说："老师，我发现在小朋友们如厕后有很多事情需要检查和确认，我们能不能讨论一下具体要做些什么呀？"于是，由幼儿主动发起了过渡环节的讨论。

教师："小朋友们在做卫生委员的时候，有没有遇到什么情况呀？我们可以一起讨论讨论。"

兰兰："我检查的时候发现，有的小朋友的纸巾没有扔到垃圾桶里。这样，我们在巡查的时候就会花一些时间去捡垃圾。如果小朋友们将垃圾扔进垃圾桶，卫生委员就不会因为这件事浪费时间了，就能快速巡查完，和小朋友们进行接下来的活动了。"

教师："兰兰说得非常棒，小朋友们认为我们接下来应该怎么做呢？"

秋秋："每位小朋友在如厕后都应该自觉地将垃圾扔进垃圾桶，这样不仅能保持我们盥洗室干净，还能为卫生委员省去一些不必要的工作。"

悦悦："是的，无论是不是当天的卫生委员，我们都要有责任心去保持我们盥洗室的整洁与卫生！"

教师："希望每位小朋友都可以这样做哦！那卫生委员检查时还有哪些可以做的呢？"

等等："可以在巡查的时候提醒小朋友的站位。"

安安："可以提醒小朋友按规则排队，正确扔垃圾和便后洗手。"

香香："还要仔细观察，如果垃圾桶的垃圾太多了，要及时更换垃圾袋，或者请老师帮忙更换。"

秋秋："对的对的，还有纸巾盒！没有厕纸了要及时补充。"

晨晨："还有洗手液，没有了也要请老师帮忙更换。"

兰兰："有时间的话，还可以拖地。"

教师："小朋友们总结得真好，以后卫生委员在如厕后检查时，都可以像我们今天讨论的这样去做哦，让我们一起守护教室的卫生！"

（三）指导策略

1. 过渡环节

引导幼儿思考和讨论负责检查的卫生委员都需要做什么、怎么检查。

2. 卫生委员制

请卫生委员在如厕环节结束后进行巡查，查看垃圾桶周围是否干净、整洁，垃圾桶内的垃圾如果很多，能及时找教师帮忙更换垃圾袋。

3. 教师指导

◎ 小朋友们，大家想一想，如果厕所的垃圾扔得到处都是，会发生什么事呢？我们应该怎么解决呢？如果看到有的小朋友没有将垃圾扔进垃圾桶，我们可以礼貌地提示一下。

◎ 小卫生委员记得在如厕环节结束后对厕所进行检查哦，看一看垃圾桶是否满了，有需要的话可以请老师帮助更换垃圾袋哦。

案例 4 自编儿歌

（一）活动背景

教师应引导幼儿初步感受并喜爱环境、生活和艺术中的美，喜欢参加艺术活动，并能大胆地表达自己的情感和体验。大班幼儿的好奇心较强，创造力、模仿力强，能模仿简单的韵律动作，也能创编简单的儿歌。自编儿歌活动的主要目的在于培养幼儿掌握儿歌的结构特点，并进行创编，活动采用以如厕教育背景做引导、教师示范、幼儿根据儿歌节奏进行模仿创编的方式进行。

（二）活动案例

教师设计了一些短小的儿歌、故事，并通过各种形式表演给幼儿看。简洁明快、幽默风趣、朗朗上口、童趣盎然的儿歌，幼儿非常喜欢朗诵。幼儿可以在诵读儿歌时，强化和约束自己的行为。

教师："小朋友们，还记得我们小班的时候是怎样快速地记住如厕小本领的吗？"

幼儿："学习了一些儿歌！"

教师："是的！现在，我们是大哥哥、大姐姐了。你们愿不愿意将自己的经验创编成儿歌分享给弟弟妹妹们呀？"

幼儿："愿意！"

教师："那老师先来起个头吧。小朋友，有礼貌，一个一个排好队。"

晨晨："前面有人等一等。"

秋秋："前面没人再上去。"

牧牧："知道排队来如厕。"

教师："小朋友们真棒，我们一起记录下来。再编一个《塞衣服》的儿歌怎么样？这次哪个小朋友想试一试？"

兰兰："小肚脐，怕着凉，和它玩玩捉迷藏。"

等等："一塞一盖藏好它，冷风冷风找不着。"

教师："小朋友们真棒！我们可以再想一想，还有哪些如厕的经验可以分享给弟弟妹妹们？"

雯雯："还有如厕用纸，要告诉弟弟妹妹们节约用纸！"

香香："我先来！小纸巾，本领大，污物擦净都靠它。"

呆呆："每次我们抽两张，整齐对折擦一擦。"

婷婷："擦完之后看一看，还有污物再擦擦。"

苏苏："还有，如厕时一定要找到标记，再编一个《小标记》吧！小标记，用处大，仔细观察找到它。"

芳芳："有了它，都不怕，干净卫生我最棒！"

教师："小朋友们真棒！快为自己鼓鼓掌吧。你们创编的小儿歌一定能帮助很多弟弟妹妹快速学习和掌握本领，有机会我们去和弟弟妹妹们分享儿歌吧!"

（三）指导策略

1. 集体活动

发挥幼儿创造力，积极主动创编如厕儿歌，与他人分享。

2. 过渡环节

讨论自编如厕儿歌的意义。

3. 教师指导

◎ 小朋友们自己编的儿歌都很棒，我们可以分享给弟弟妹妹们，一起当小老师传授经验。

案例 5　尊重劳动者

（一）活动背景

幼儿应养成良好的劳动习惯和品质，通过向幼儿介绍生活中常见的劳动岗位，接触一些熟悉的劳动者，幼儿可以尝试关心他人，体会平凡劳动中的伟大。

（二）活动案例

班级开展活动，带领幼儿观察、感受幼儿园中与自己衣食住行密切相关的人的劳动，谈谈他们的工作与自己生活的关系，使幼儿对为自己服务的人产生尊敬、热爱之情。了解经常为我们服务的人（如医生、售货员、司机、保育员、保健医、保安等），知道尊重和珍惜他们的劳动成果。在开展的辩论赛活动中，穿插一些与劳动相关的辩题，引导幼儿更加深入地思考与劳动相关的问题。在充分了解后，指导幼儿制作劳动心意卡送给身边辛勤劳动的人。

教师：“小朋友们，通过我们对身边劳动者的观察，谁想来谈谈你的感受?”

婷婷："我观察到了我们社区的清洁工叔叔阿姨，我感觉他们很辛苦，一直在收拾社区里的垃圾。我们以后一定要将垃圾扔进垃圾桶里，不能给清洁工叔叔阿姨添麻烦，一起守护我们的家园！"

教师："婷婷观察得非常仔细，清洁工每天都在守护我们的家园环境，非常感谢他们。"

秋秋："我观察到了交警叔叔，无论天气是好是坏，他们都在路口守护我们出行的安全，而且他们只能站着。我也尝试过，站一会儿就累了。所以我觉得交警叔叔很辛苦，我们也应该感谢交警叔叔。"

晨晨："我观察到了幼儿园里打扫卫生的老师，还有班里的保育老师，她们为了我们学习和生活的环境，一直在辛勤地付出。我今天来幼儿园的时候还和打扫卫生的老师说'您辛苦了'。"

教师："小朋友们的观察真的很仔细。相信被小朋友们问好的老师们心里也非常温暖。以后我们再遇到为我们辛勤付出的叔叔阿姨，可以面带微笑，对他们说一句'您辛苦了，谢谢您'。"

教师："我们还可以做些什么来表达我们的感恩之心呢？"

芳芳："我们可以制作'爱心贺卡'！"

香香："对！然后装饰一些美丽的图案，送给辛勤工作的叔叔阿姨们。"

教师："那让我们一起做起来吧，制作完成以后就可以送给他们啦！"

（三）指导策略

1. 集体活动

（1）了解清洁工作的不易，加强爱护环境的意识。

（2）体验清洁工的工作，打扫盥洗室和幼儿园公共场所。

2. 美工区

引导幼儿发挥创造力，使用卡纸、彩笔等手工材料，制作感谢贺卡，送给身边的环卫工人。

3. 过渡环节

讨论如何用完整的语言表达感恩之心，带领幼儿去送感恩贺卡。

4. 家园共育

（1）引导幼儿在生活中坚持做到垃圾分类。鼓励家长和幼儿一起拍摄所在社区的照片，帮助孩子了解自己居住的社区，愿意爱护自己的生活环境。

（2）幼儿可以在家长的带领下，将感恩贺卡送给身边的清洁工人。

5. 教师指导

◎ 小朋友们，清洁工人为了守护我们大家的生活环境而辛勤劳动，我们要尊敬他们。要从我们自己做起，人人都争当爱护环境的环保小卫士。

◎ 小朋友们，我们要尊重任何一种职业。

三、大班如厕环节劳动教育小妙招

（1）设置卫生委员。设置班级卫生委员，每天轮换，每人都要体验。明确卫生委员的职责。

（2）记录表格。指导幼儿观察和记录自己每天的如厕情况。

（3）讲故事比赛。开展讲故事比赛，分享如厕小妙招和经验。

（4）分享小讲堂。带领大班幼儿走进弟弟妹妹的班级，分享如厕绘本、自制图书、自编儿歌。

大班饮水环节劳动教育

于天晴　程晶晶

一、大班饮水环节劳动教育内容及目标要求

<table>
<tr><th colspan="3">劳动教育内容</th><th>劳动教育目标要求</th></tr>
<tr><td rowspan="6">自我服务</td><td rowspan="2">饮水前</td><td>洗手</td><td>◇ 能够自觉主动地在饭前便后洗手
◇ 熟练掌握七步洗手法
◇ 能够主动用正确的方法挽袖子
◇ 洗手后能够用正确的方法把手擦干净
◇ 不玩水，有节约用水的意识</td></tr>
<tr><td>取水杯</td><td>◇ 双手拿好水杯，知道轻拿轻放，懂得基本的饮水礼仪
◇ 取放水杯时，正确拿水杯。躲避身边同伴，不洒水</td></tr>
<tr><td rowspan="2">饮水中</td><td>倒水</td><td>◇ 能够知道按秩序倒水，理解生活中的规则
◇ 能够根据自己的饮水量倒水，有节约用水的意识</td></tr>
<tr><td>喝水</td><td>◇ 饮水时，知道安静饮水，能够小口饮水，不被呛到，保护自己
◇ 能够主动饮水，不贪喝饮料。能够根据自己的饮水量自主添水
◇ 能够做到随渴随喝，根据季节和气候变化调整饮水量，主动饮水</td></tr>
<tr><td>饮水后</td><td>擦拭桌面、地面</td><td>◇ 会用正确的方法擦桌子，饮水后主动清理桌面，擦净洒在桌面上的水
◇ 会使用简单的劳动工具，清理地面上的水
◇ 擦完桌子和地面后，能够将清洁工具放回原位，养成物归原位的习惯</td></tr>
</table>

续表

劳动教育内容			劳动教育目标要求
自我服务	饮水后	摆椅子	◇ 知道轻拿轻放椅子，不发出很大的声音 ◇ 能够使用正确的方法摆椅子，知道椅子腿贴着桌子腿 ◇ 喝完水后知道摆好自己的椅子，不绊到他人，养成收拾整理的好习惯
		送杯子	◇ 饮水后主动清理桌面，双手送杯子，不掉落 ◇ 送水杯时，躲避身边的同伴，不撞到别人
为集体服务	饮水前	接水、端水壶	◇ 能够根据当天幼儿的桌数接水、端水壶 ◇ 探索用水壶接适量水的方法 ◇ 将水壶放到桌面中央，摆放整齐
		发擦布	◇ 能够将擦布叠整齐，摆在桌子中央
		摆椅子	◇ 提示同伴轻拿轻放椅子，不发出很大的声音 ◇ 提示同伴使用正确的方法摆椅子 ◇ 体验为自己服务的教师的辛苦，尊重为自己服务的人
	饮水后	收拾整理	◇ 能够按照正确的擦桌子方法自主收拾桌面，并送擦布 ◇ 喝水后，能主动将自己的椅子插回原位，轻拿轻放 ◇ 喝水后，能主动收拾桌面，将水壶送回原位 ◇ 能够主动与同伴分工合作，收拾整理，共同完成任务
为社会服务	为园所服务		◇ 参加幼儿园节约水资源宣传活动 ◇ 参加节水日宣传活动

二、大班饮水环节劳动教育案例

案例 1 争做"咕咚幸运星"

（一）活动背景

教师应引导幼儿养成自主饮水的习惯，鼓励幼儿之间互相提醒。

（二）活动案例

户外活动时间到了，活动室里传来了"咕咚幸运星"忧忧的声音："琪琪，你快喝水呀，你是小黄牌，要多喝水，我要收水壶了。"教师对琪琪说："加油，你看你的嘴唇都起干皮了，你的身体提醒你要补充水分了。你也可以开始收集彩虹杯啦!"琪琪很快地喝完了一杯水，径直走向盥洗室，将水杯送到自己的杯格里，又将彩虹条放到自己的彩虹杯里。户外活动回来后，班级又对"喝水加油站"做了宣传和介绍。每个幼儿都有一个可爱的小杯子，小杯子上面可以插6张不同颜色的小纸片。每喝一次水就可以往杯子里插一张，如果一天能喝完6杯水，小杯子就可以插出漂亮的"彩虹"。这样的记录形式让每个孩子的饮水量一目了然。幼儿集齐的"彩虹"越多，越有机会成为"咕咚幸运星"，成为喝水小志愿者，为同伴服务，提醒大家多喝水。

（三）指导策略

1. 环境创设

创设"喝水加油站"，幼儿喝完水后将彩色纸条放入对应的杯子里，集齐"彩虹"后，可以成为"咕咚幸运星"。

2. 教师指导

◎ 今天你的彩虹杯集齐了吗？你的嘴唇起皮了，身体提醒你要补充水分啦!

案例 2 适量接水

（一）活动背景

在集体饮水时，经常在饮水快结束的时候，有的幼儿发现自己桌上的水壶没有水了，又去饮水机接水。有的小值日生在收水壶时发现水壶里还有一些剩余的水。针对这样的情况，班级开展了一个小实验，了解水壶能装几杯水，以及接多少水的合适。

（二）活动案例

"'咕咚幸运星'上线啦！""我来啦！我来啦！"伴随着一个个兴高采烈的声音，今天负责接水的幼儿来到了饮水机前，每人拿起一个水壶安静地等待着。前边的幼儿接完水，下一个紧接着跟上。这时，泽泽提醒前边的羽羽："多了，快关上啊，要洒出来了！"羽羽连忙关闭了饮水机的开关。在喝水的过程中经常会听到"我们的水壶里没水了，老师，我还没喝呢！""老师，水壶里还剩了很多水，怎么办？"在科学小活动的时间，教师组织幼儿展开了讨论。

教师："小朋友们，老师这里有一段记录'咕咚幸运星'工作的小短片。'咕咚幸运星'有些话想和我们说，我们一起来看一看吧。说说你看到了什么？听到了什么？"

沫沫："'咕咚幸运星'的工作很辛苦，他们给我们接水。"

教师："那你们发现什么问题了吗？"

乐乐："1号桌的水不够小朋友喝了。"

彤彤："琪琪收水壶的时候发现水剩了很多，都倒掉了。"

教师："那我们一起来看看水壶应该接多少水合适吧。一个水壶能接多少水呢？"

教师拿来了干净的水壶和水杯，让幼儿一杯一杯地按各自的喝水量往里倒。最后一个操作的幼儿说："倒进去5杯水就够了，再倒就该洒了。"

最后，幼儿通过讨论得出结论，可以在水壶上做个标记，下次接水的时候就知道水的位置了。

（三）指导策略

1. 小实验

通过小实验探索水壶内能装几杯水。教师和幼儿共同探索合适的接水量，以满足一桌小朋友的饮水量。

2. 教师指导

通过日常的视频记录，引导幼儿发现问题，讨论接水、端水壶的方法和注意事项。往桌子上端水壶时用双手拿，轻轻地放在桌子上。倒水时，双手配合，保持出水口在杯子上方，但不能碰到杯子。对成为"咕咚幸运星"的幼儿进行奖励。鼓励幼儿互相提醒，互相帮助，培养幼儿掌握正确的接水和端水壶的方法。

案例 3　节水宣传

（一）活动背景

在日常生活中，培养幼儿爱护身边的环境和节约用水的意识。在节水日来临之际，在饮水环节中学会节约用水，根据自己饮水量接水，并尽量喝完。教师在观察幼儿饮水时发现，有的幼儿接水过多喝不完，有的幼儿将水弄洒了。针对这些情况，班级组织了有趣的"了解水的秘密"的活动，幼儿深刻地意识到日常生活中节约用水的重要性，自发地节约水资源，珍惜和保护我们赖以生存的家园。

（二）活动案例

教师从箱内摸出一张字条，正面写着"3月22日"，反面写着"世界水日"。教师利用图片向幼儿介绍世界水日的来历和重要意义，再用图表形式帮助幼儿了解目前中国水资源面临的问题。通过班级活动教师向幼儿展示节水标志，讲解水资源非常重要，但极其有限，没有水就没有生命。世界水日是为了让所有人都知道水的重要性，能节约用水，并保护水资源。

分小组制作"节水护水宣传画"。教师提问："世界水日十分重要，可是知道的人并不多，有什么办法能让更多的人知道呢？"菲菲说："我们可以画下来，给身边的人看。"琪琪说："我们可以做一份节水护水倡议书。"教师继续问道："倡议书和宣传画要告诉人们什么呢？可以画些或写些什么呢？"菲菲回答道："可以画一些节水的方法……"

（三）指导策略

1．环境创设

幼儿绘制节水标志，贴在水龙头边，提示大家要节约用水。

2．教师指导

向幼儿介绍世界水日，带领幼儿观察水资源短缺地区的图片，让幼儿清楚地认识到水资源对我们生活的重要性。与幼儿共同讨论节约用水的好方法。幼儿制作宣传画或倡议书进行节水宣传，呼吁更多的人加入节水行动中。

3．材料准备

准备水资源短缺地区的图片、节水标志。

三、大班饮水环节劳动教育小妙招

（1）教师榜样。教师以身作则，谨言慎行，通过各种途径和方法帮助幼儿养成良好的饮水习惯。

（2）同伴榜样。充分利用同伴之间的影响作用，激发幼儿向别人学习的意愿。

（3）利用小实验和日常视频记录，让幼儿更加直接地进行探索和体验，帮助幼儿获取直接经验。

（4）提示幼儿根据自己的需要饮用适量的水。

（5）评选"值日生小能手"和"咕咚幸运星"，鼓励幼儿兑换积分奖券，从而获得一次当小组长和小老师的机会。引导幼儿热爱劳动，喜欢为他人服务，爱护自己的班级，愿意为同伴做事。

（6）学习节水小妙招，分享给同伴。

（7）制作世界水日宣传画，提醒大家节约用水、不浪费水。

大班离园环节劳动教育

门佳欣

一、大班离园环节劳动教育内容及目标要求

劳动教育内容		劳动教育目标要求
自我服务	漱口	◇ 饭后能够主动漱口，掌握正确的漱口方法 ◇ 知道在漱口的时候弯腰低头，对准水池吐水 ◇ 了解漱口的作用，懂得保护自己的牙齿
	清洁手部和脸部	◇ 具有良好的卫生习惯 ◇ 能够熟练掌握七步洗手法 ◇ 能够主动清洁自己的面部，保持面部卫生
	收水杯和毛巾	◇ 将水杯放到指定位置，养成主动整理自己物品的习惯 ◇ 知道双手拿水杯的正确方法，轻轻地取放毛巾和水杯
	披裤子	◇ 自己能做的事情自己做 ◇ 知道保护小肚皮的正确方法，在讨论中掌握将衣服塞进裤子的经验 ◇ 能够感知物体基本的空间位置与方位，理解上下、前后、里外等方位词
	穿衣服	◇ 能够正确穿衣服 ◇ 知道穿戴整齐的意义，自己的事情能自己做
	系鞋带	◇ 会自己系鞋带
	整理书包	◇ 能够保管好自己的物品，并按类别收拾整理物品，养成收拾整理的好习惯 ◇ 能够用正确的方式背书包
为集体服务	摆好图书和玩具	◇ 能够将玩具或图书平铺到桌面上，做消毒前的准备 ◇ 能够分工合作完成任务
	晾晒毛巾	◇ 能够将毛巾按颜色分类晾晒

续表

劳动教育内容		劳动教育目标要求
为集体服务	涂护手霜	◇ 愿意帮助他人涂护手霜 ◇ 知道涂护手霜的量，感受量的多少与形状之间的联系
	管理员	◇ 能够主动为集体和他人做事 ◇ 能够提示同伴按照正确的方式涂护手霜和整理衣服 ◇ 掌握喊队的基本口令，能大声说出口令，指导同伴有序站队
为社会服务	垃圾分类	◇ 能够爱护身边的环境，有初步的责任感，并珍惜他人的劳动成果 ◇ 能够积极主动帮助他人解决垃圾分类的困难 ◇ 能够主动遵守社会行为规则，把垃圾放到垃圾桶里，不随地扔垃圾，爱护公共环境
	维护楼道环境	◇ 能够主动维护公共楼道的环境卫生，并向同伴宣传
	感谢为我们服务的人	◇ 主动用礼貌用语向晚离园的执勤教师及为我们服务的人说再见，感谢为我们服务的人

二、大班离园环节劳动教育案例

案例 1 整理书包我能行

（一）活动背景

升入大班后，幼儿都会背着书包来幼儿园。为了让幼儿顺利度过幼小衔接阶段，将整理书包作为一项自我服务的基本能力进行训练。

（二）活动案例

1. 我的小书包

幼儿每天都会背着书包来幼儿园，对书包的基本构造和穿背方法都有一定的了解。教师邀请幼儿上台展示自己的书包、介绍背书包的方法以及书包的结构等。幼儿通过讨论，明白养成正确背书包和整理书包的好习惯是很重要的，是终身受益的事情。

幼儿通过对书包的观察，了解了书包的材质、款式、结构及各部位的作用等。他们畅想着升入小学后，书包里装满文具、书本，对"书包里有什么"的话题持续讨论了很久。

琳琳："上小学的哥哥姐姐们都会背书包，因为他们每天都要自己带课本和作业。"

玥玥："书包里的口袋有大有小，整理东西时可以将物品分类。"

诺诺："水杯放侧袋里，因为放主袋里的话，万一水洒出来就会把书本打湿。"

妍妍："跳绳也可放侧袋里，便于取放。"

柏霖："本子、调查表等放内衬袋里。"

晨晨："铅笔、橡皮、尺子放前袋里，与书本分开放，就不会把书和本子弄脏了。"

七七："可以把纸巾放前袋里。"

欢欢："书本整理好后放主袋里。"

喜喜："我要买个超级大的书包才能装下这么多东西！"

2. 我设计的书包

幼儿对于上小学的第一个书包有很多期待，对书包的颜色、款式、图案都有自己的想法，于是他们决定设计自己心爱的书包并画出来，还对书包里的物品进行分类，分析书包里应该放什么、怎么放。

3. 我会整理书包

班级开展"整理书包我能行"活动，幼儿在活动中总结自己整理书包的方法：书本可以按照从大到小的顺序叠放；跳绳、笔袋可以放在其他分隔的袋子里，取放的时候也要及时整理；水壶或水杯可以放在侧边的袋子里。

对于即将升入小学的大班幼儿而言，习得科学的整理方法，养成良好的整理习惯，能使幼儿在整洁、有序的环境中成长，有助于他们顺利地适应小学生活。教师和幼儿共同总结出一个整理书包的口诀。

4. 整理书包比赛

幼儿园开展整理书包比赛，每场比赛各班派一名小选手参赛，采用计时制。参赛选手站在书桌前，听到口令后依次将书本、铅笔、橡皮、尺子、文具盒、水壶等物品整理好装进书包，整理好后举手示意，整理得又快又准确的小选手就胜利了。幼儿在参与的过程中积极性很高，大部分幼儿都能有计划地、在一定时间内整理好自己的物品，幼儿在玩中有所收获，在玩中有所成长。

（三）指导策略

1. 环境创设

将自己设计的书包和书包内物品的分类画到墙面上。

2. 儿歌及绘本引导

整理书包

整理书包要分层，大书小书排好队。

本子放上面，一二三请进去。

纸巾和湿巾，放在小口袋。

拉上拉链关上门，我的书包最整齐。

案 例 2　穿衣那些事

（一）活动背景

幼儿每次离园前在穿衣服的时候，由于追求速度，经常导致衣服上的帽子塞到衣服里面，或者扣错纽扣。根据幼儿出现的一系列状况，教师抓住这个教育契机，开展"穿衣那些事"活动，旨在提高幼儿的生活自理能力，增强自我服务意识。

（二）活动案例

1. 认识我的衣服

教师："为什么小朋友们穿衣服会着急或者整理不好呢?"

辰辰："在家都是妈妈帮我穿。"

燃燃："我的这些衣服比较难穿!"

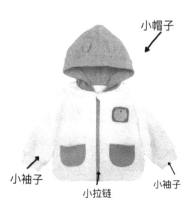

教师："你们有什么穿衣服的小窍门吗?"

涵涵："遇到扣扣儿的衣服,可以先找衣服从上到下的第一个洞洞!"

教师："自己穿衣服有困难该怎么办呢?"

乐乐："找老师、好朋友帮忙!"

接下来,班级开展"认识我的衣服"活动,让幼儿了解各种衣服的名称。通过观察,幼儿发现衣服有很多部分:衣领、衣身、衣袖、口袋、拉链等。

2. 我会自己穿衣服

班级开展"我会自己穿衣服"活动,教师和幼儿共同商讨活动的规则,最终确定将幼儿分成 6 组,选出一名幼儿当裁判。随着裁判的一声令下,参赛的幼儿都积极行动起来。他们不甘示弱,以最快的速度完成了自己的穿衣任务。虽然是小小的比赛,但每个环节都充满了仪式感,每个环节都以幼儿为中心。通过这次比赛,幼儿提高了动手能力及生活自理能力,增强了自我服务意识,并且体验到成功的喜悦和比赛的乐趣,实现了寓教于乐。

(三)指导策略

以游戏的形式调动幼儿自己动手穿衣服的积极性。

案例 3 我是小小管理员

(一)活动背景

教师应引导幼儿努力做好力所能及的事,不怕困难,有责任感。在一日生活中,幼儿发现,总有人没有将加餐的包装纸扔到垃圾桶里,用完的地垫没人收,用过的物品经常散落在各处等。为了培养幼儿良好的生活自理能力,教师和幼儿展开了讨论,最终决定设立班级"小小管理员",对大家的行为进行监督。

（二）活动案例

在讨论中，幼儿最终决定设立多个管理员岗位，帮助同伴养成良好的习惯，包括加餐包装管理员、植物管理员、涂护手霜管理员及文具管理员。

然而，管理员的工作并没有那么一帆风顺。渐渐地，教师发现，有的幼儿不愿意做管理员的工作了，集体讨论中也不肯说出原因。于是，班级开展了一次"悄悄话"活动，教师通过与幼儿单独交流来了解其最真实的想法，听听他们内心的声音。

经过讨论，幼儿决定涂护手霜管理员由班级的值日生轮流承担，这样既保证了管理员工作能够顺利完成，又确保了每个人都有参与的机会，也可以比一比谁做得最好。

（三）指导策略

通过讨论，引导幼儿自己发现问题和解决问题。巧用"悄悄话"的形式引导幼儿说出真正的想法。

三、大班离园环节劳动教育小妙招

（1）可以用"垃圾分类小标兵"的形式，检查幼儿垃圾分类的情况。

（2）设置"节水小标兵"称号，并让"节水小标兵"引导同伴节约用水，控制水流大小，提醒幼儿洗完手后要在水池内轻轻甩三下，用毛巾擦干手上的水迹。

（3）设立"小班长"岗位，检查其他幼儿披衣服、涂护手霜等情况。

（4）请值日生提示、引导同伴检查自己书包内的物品。

（5）利用墙饰展示整理书包的方法，并及时请幼儿分享自己整理书包的经验。